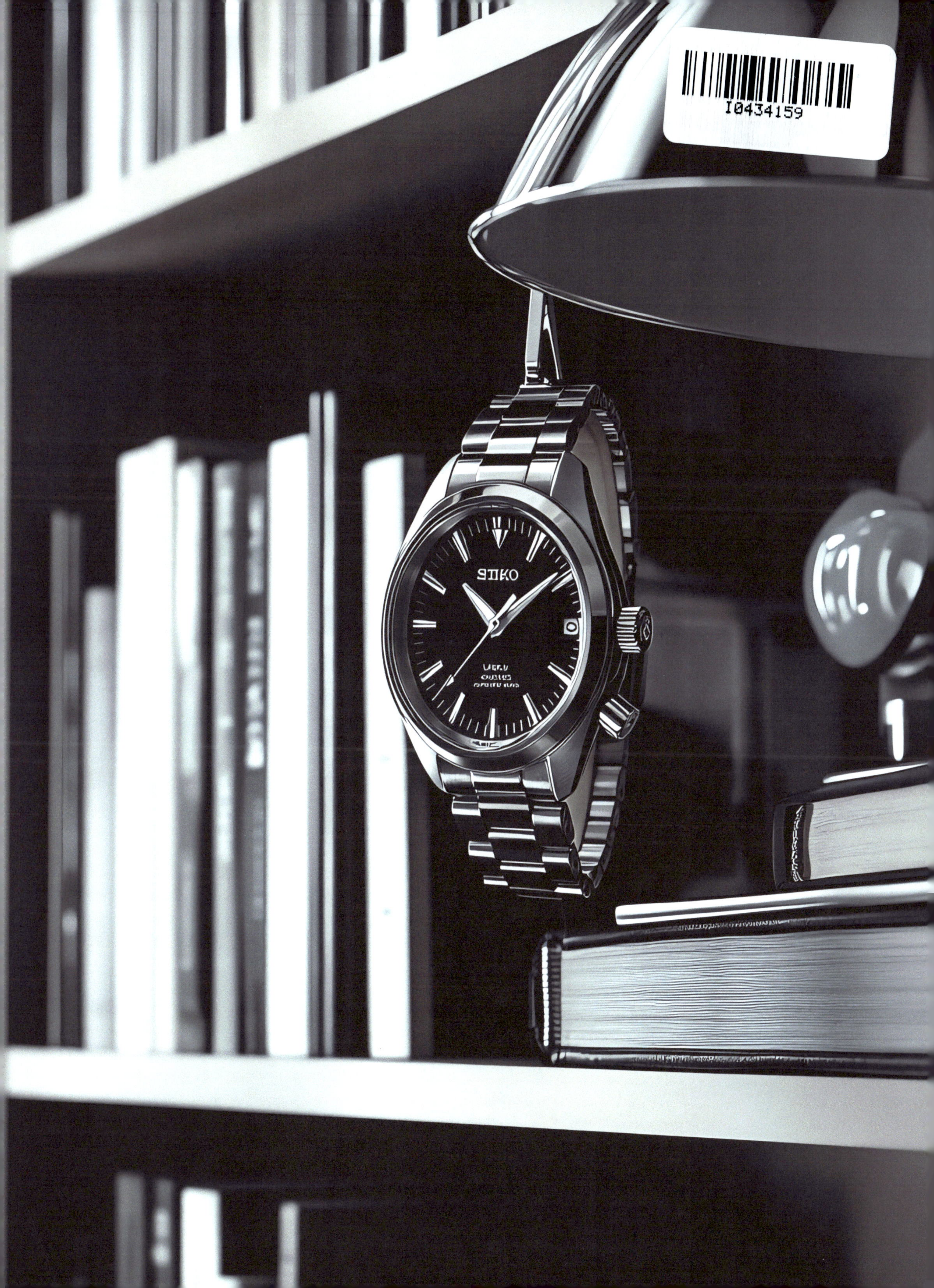
SEIKO

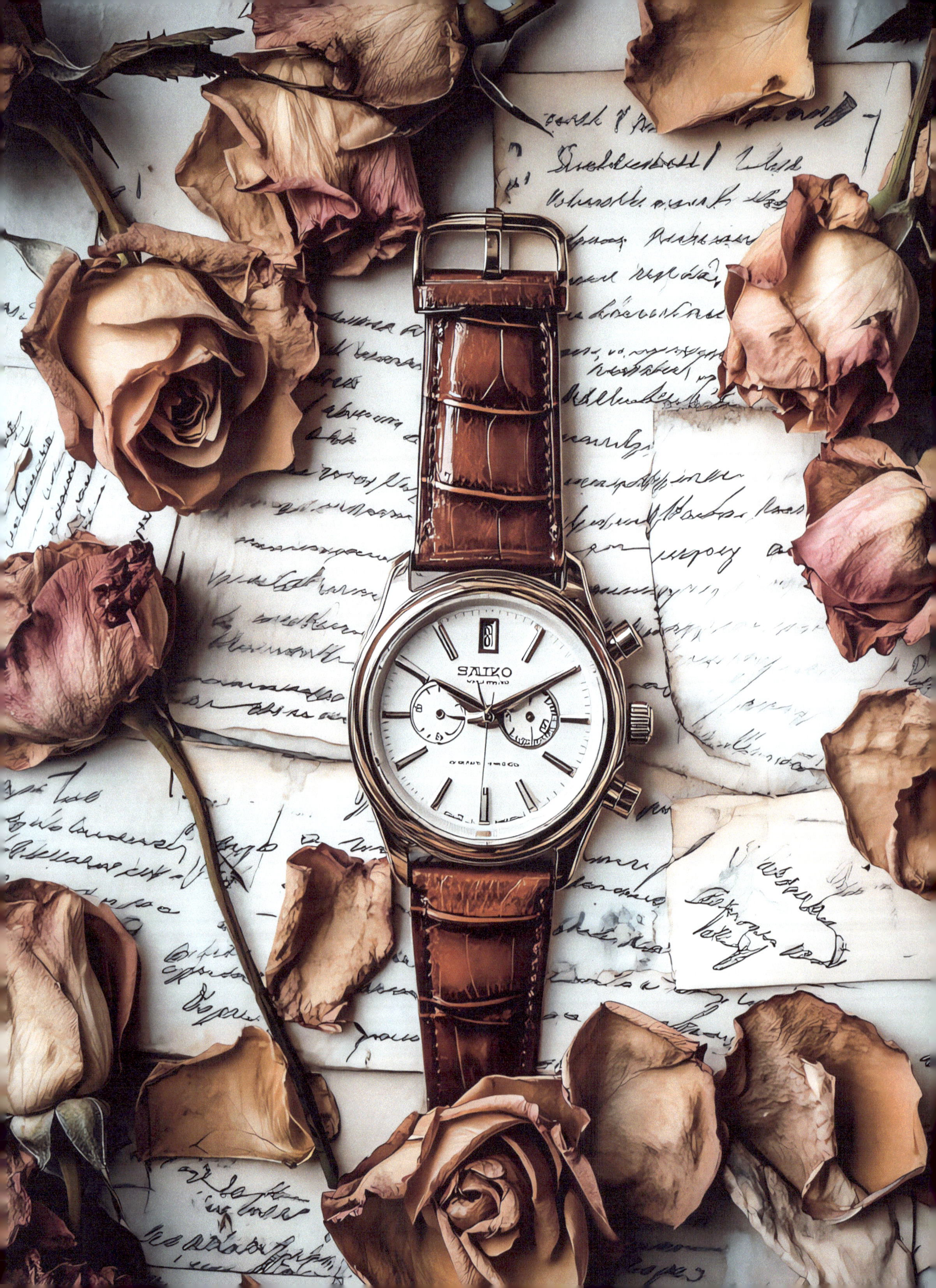
SAIKO

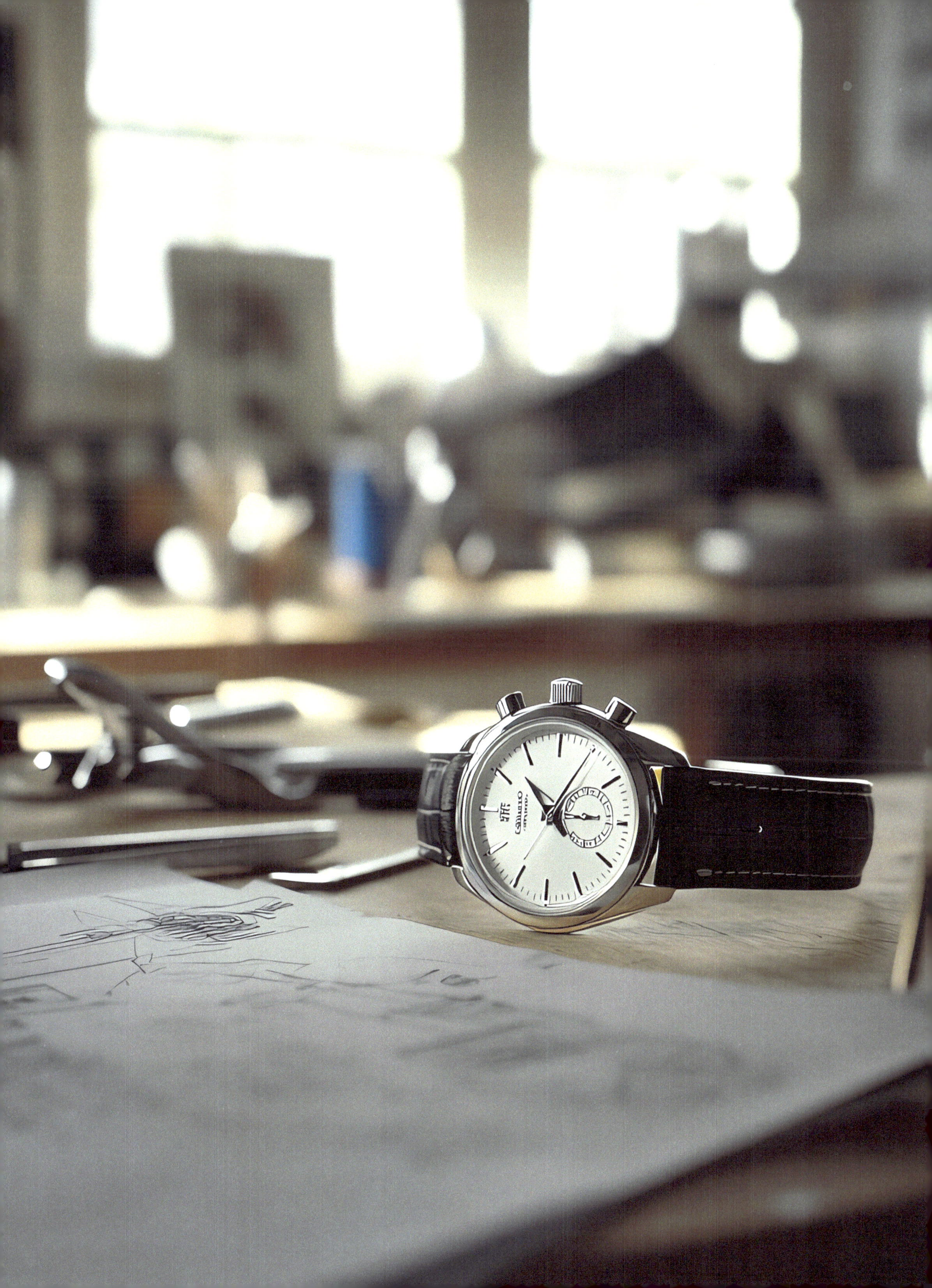

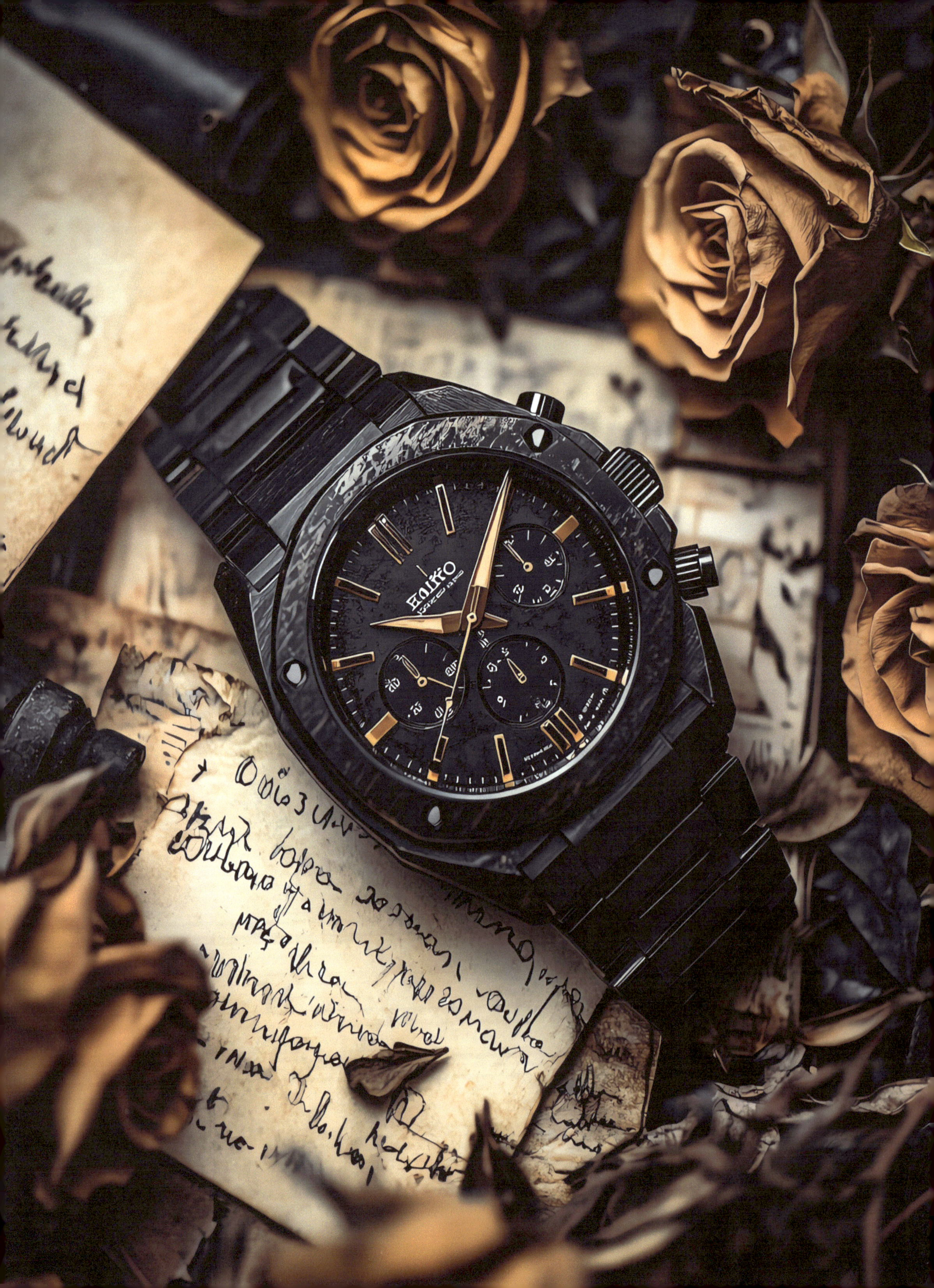

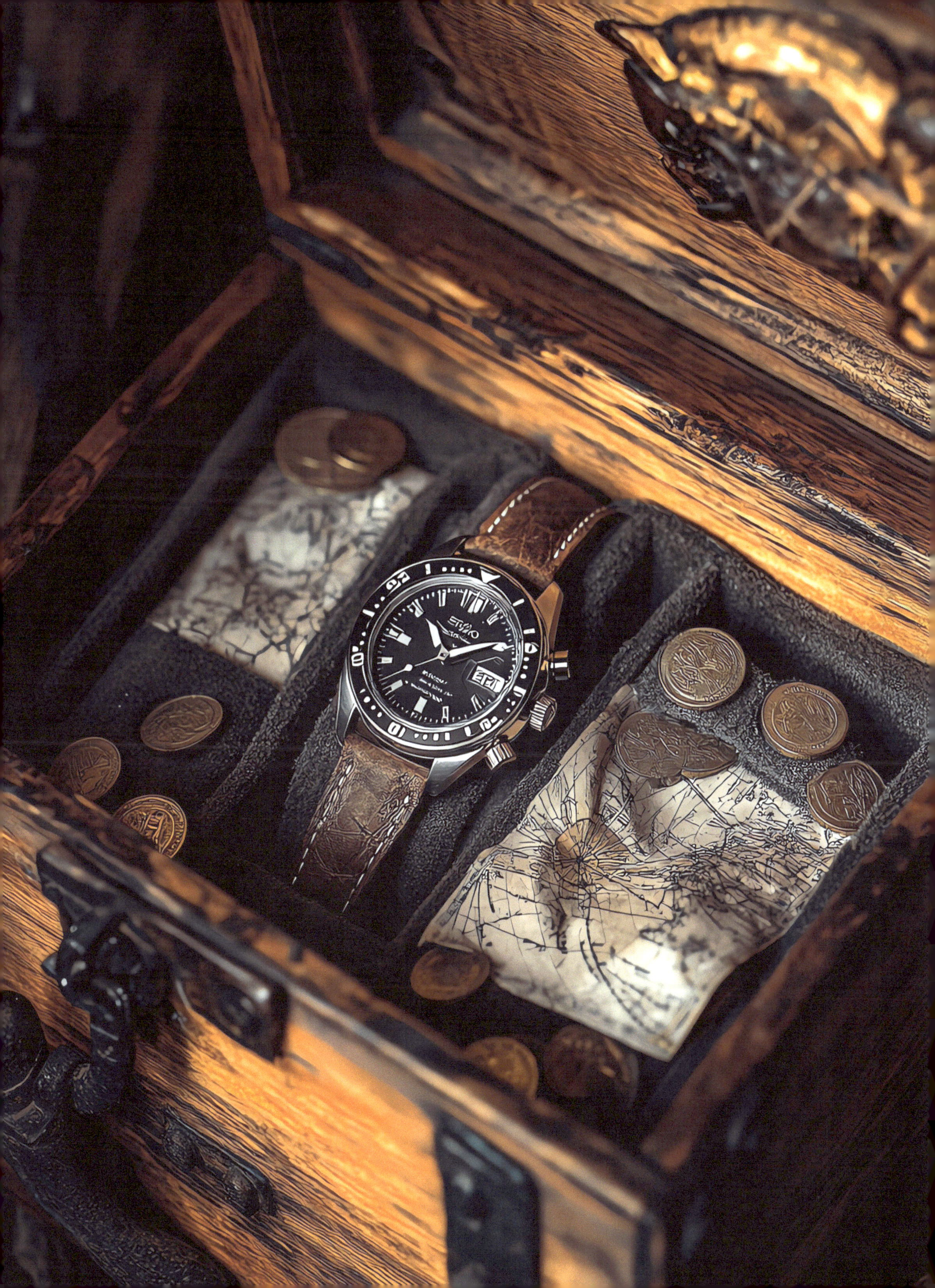

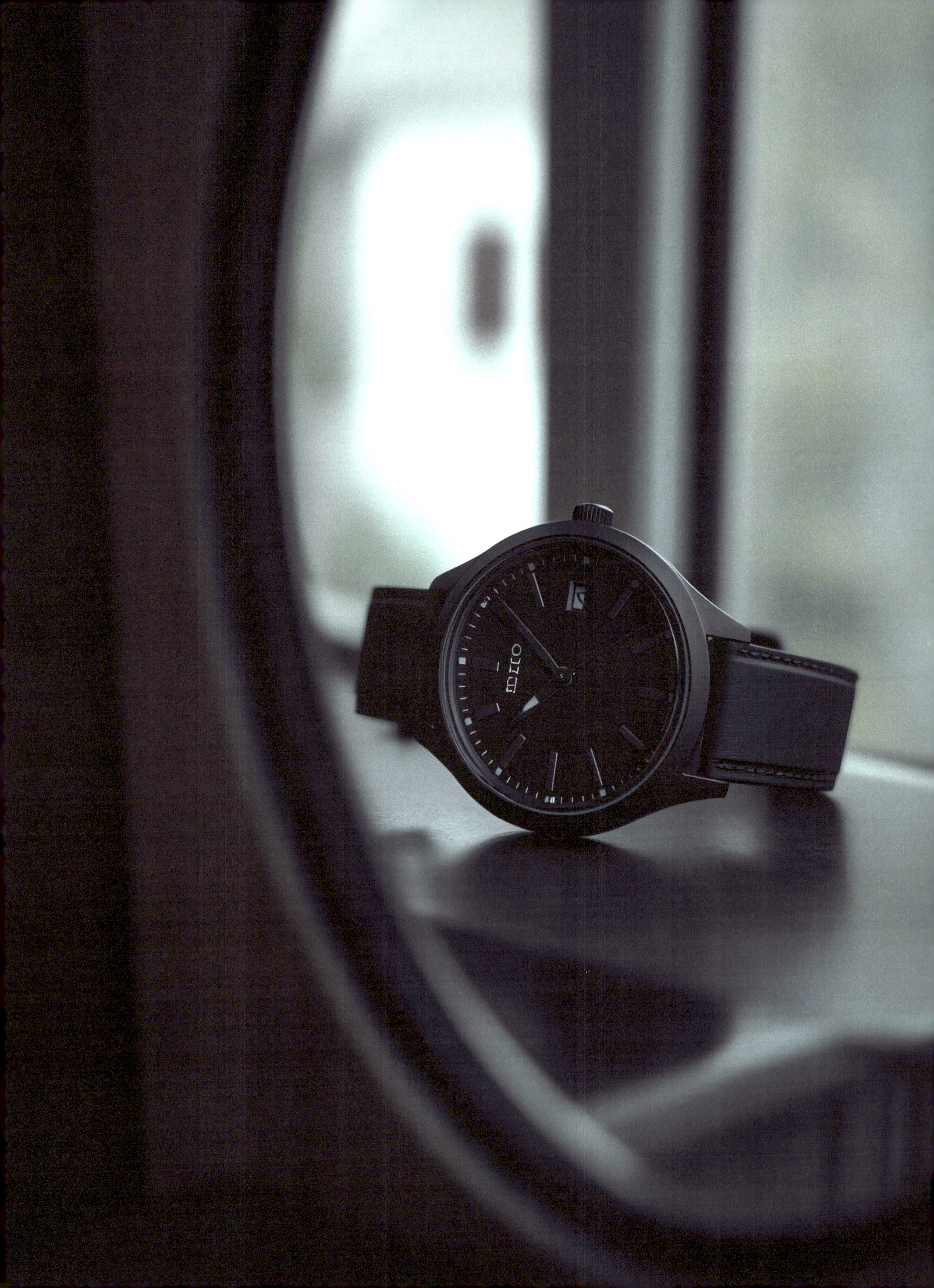

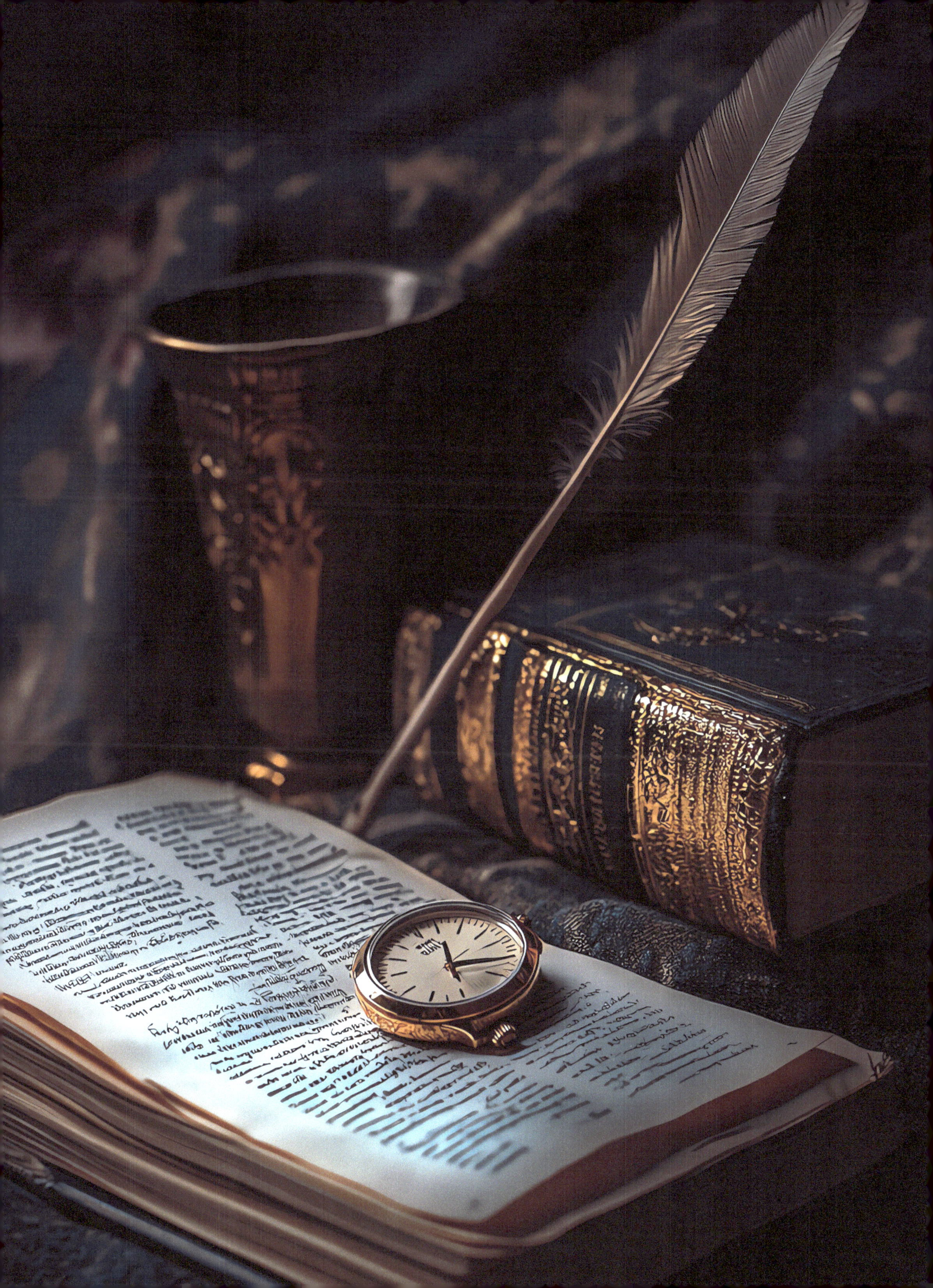

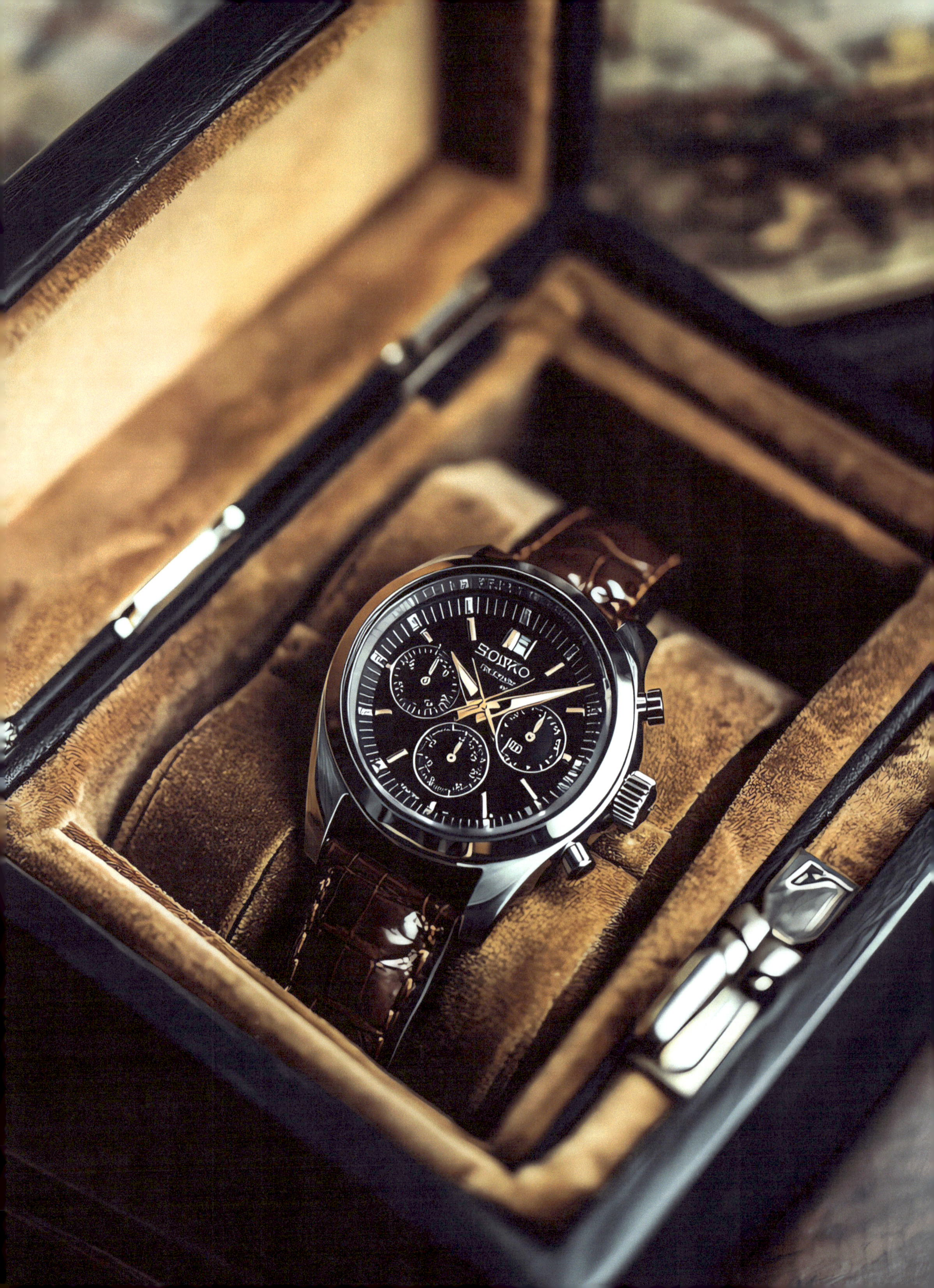

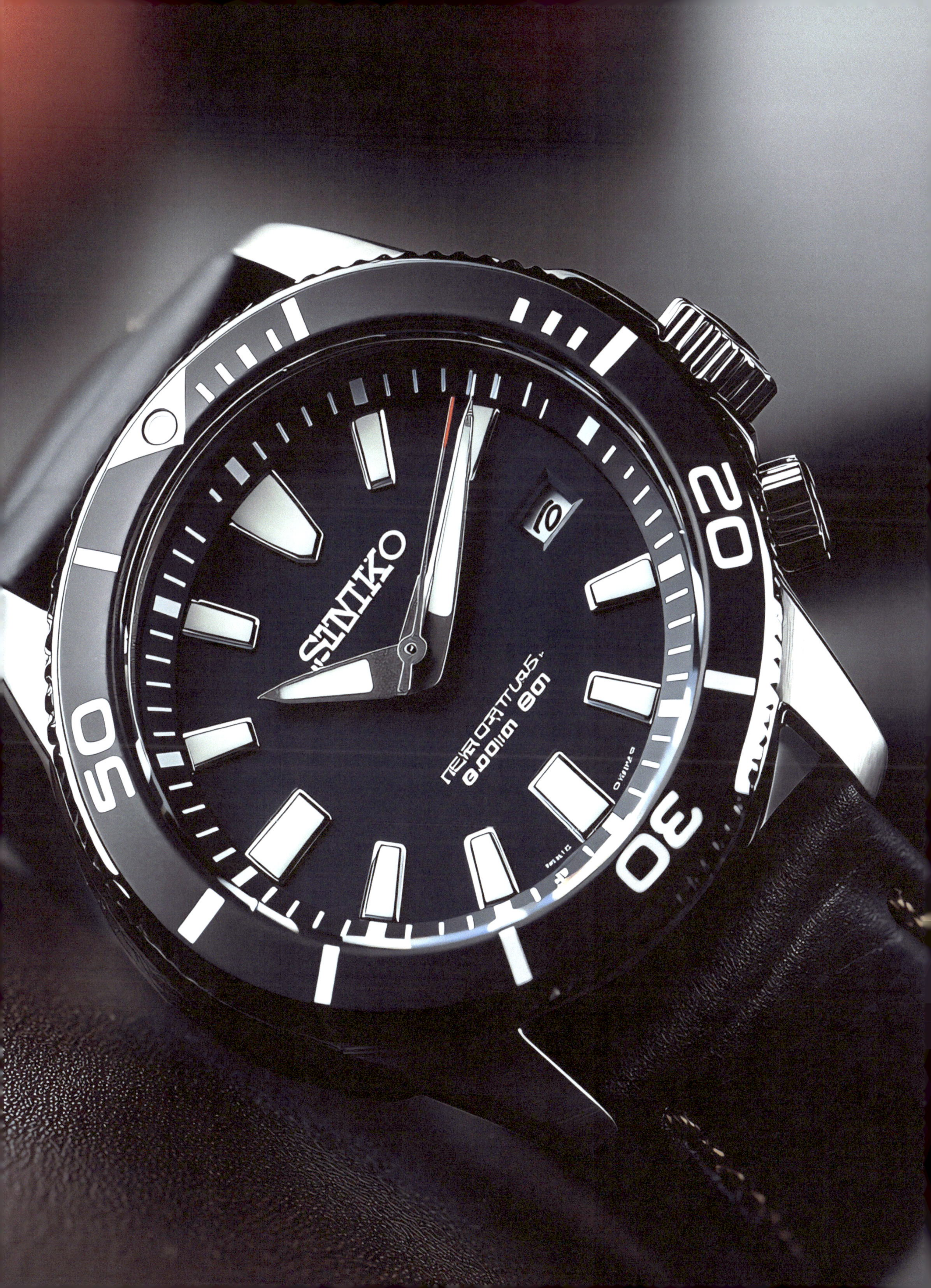
20
30
50

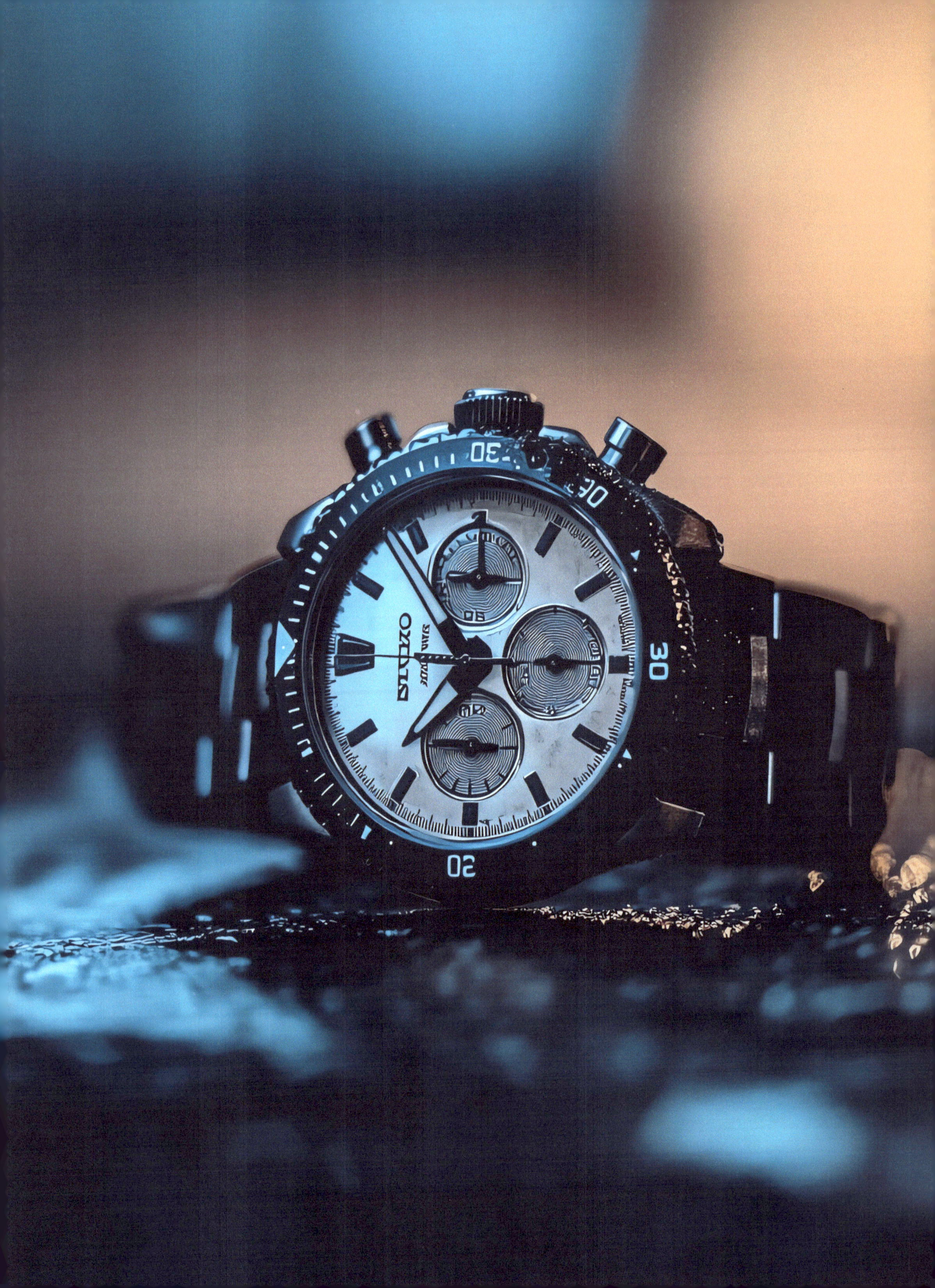

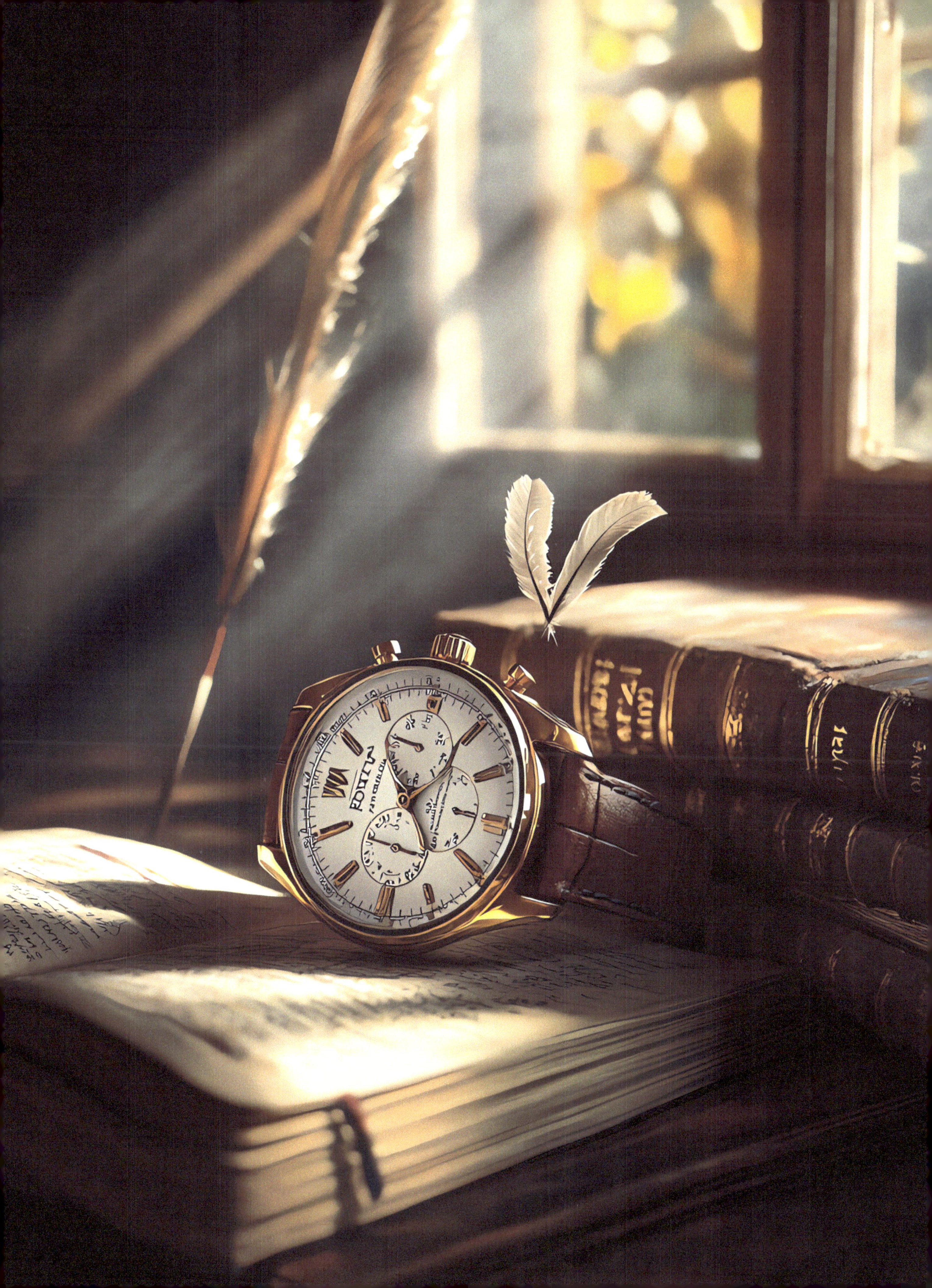

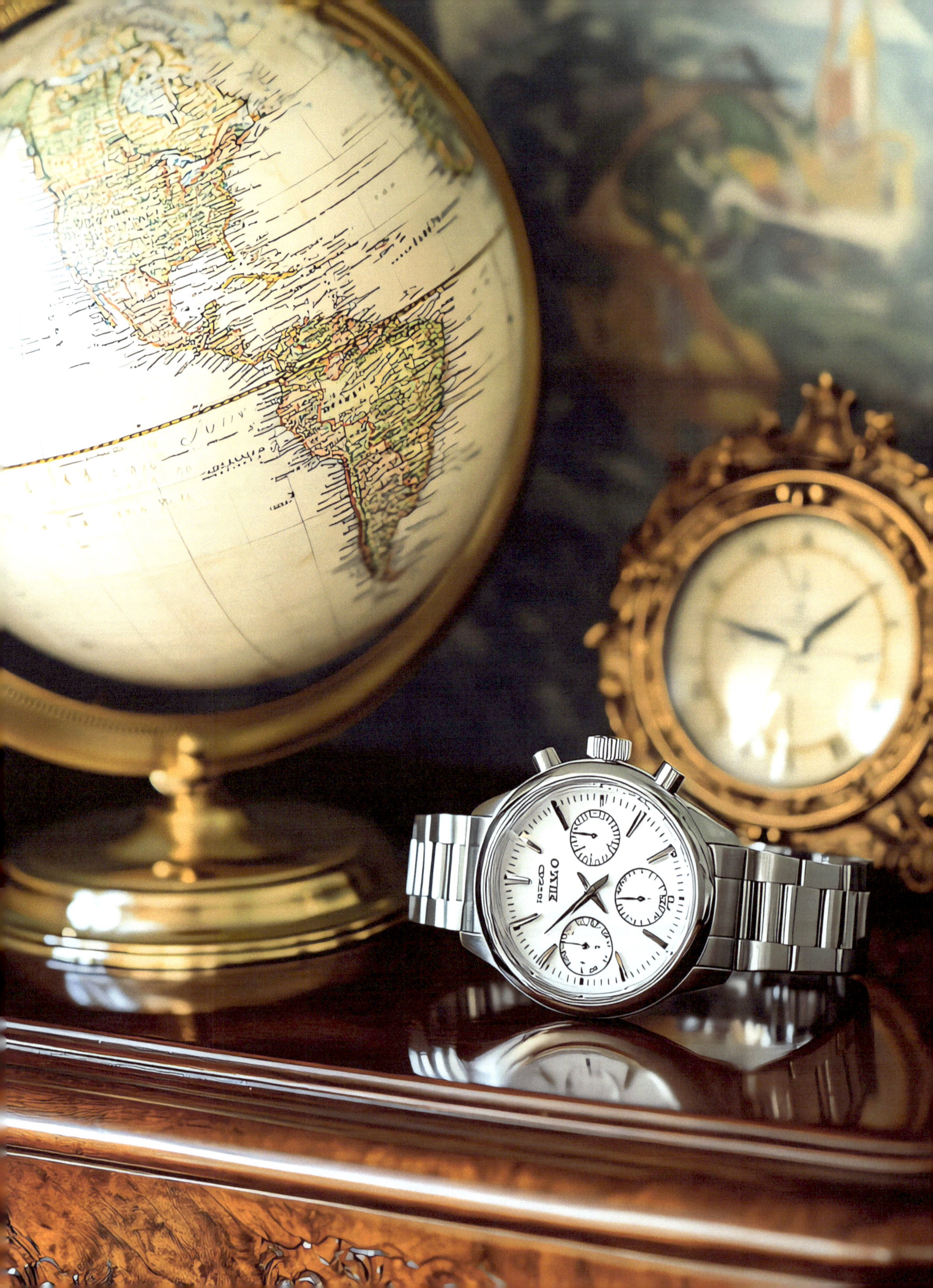

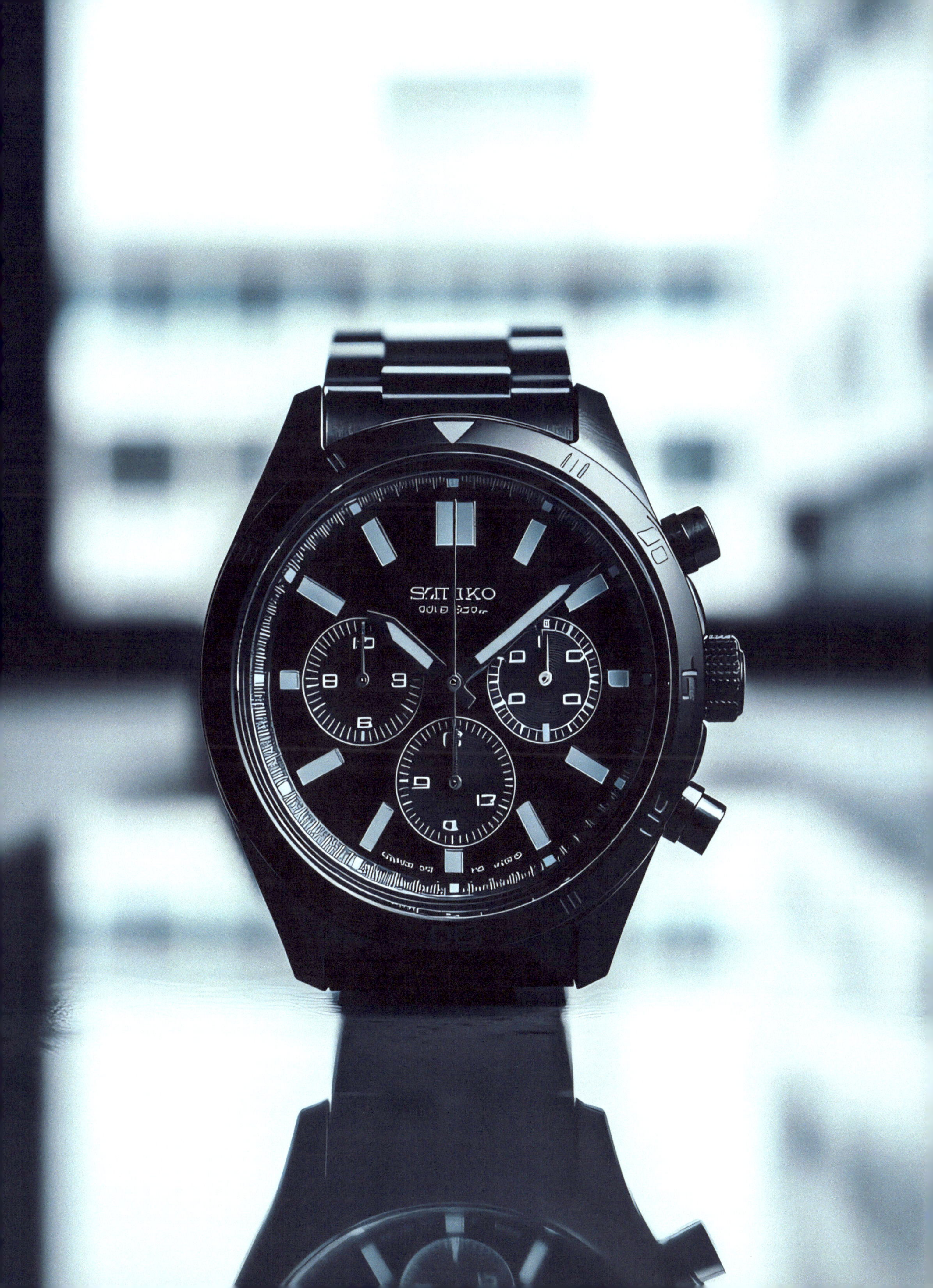

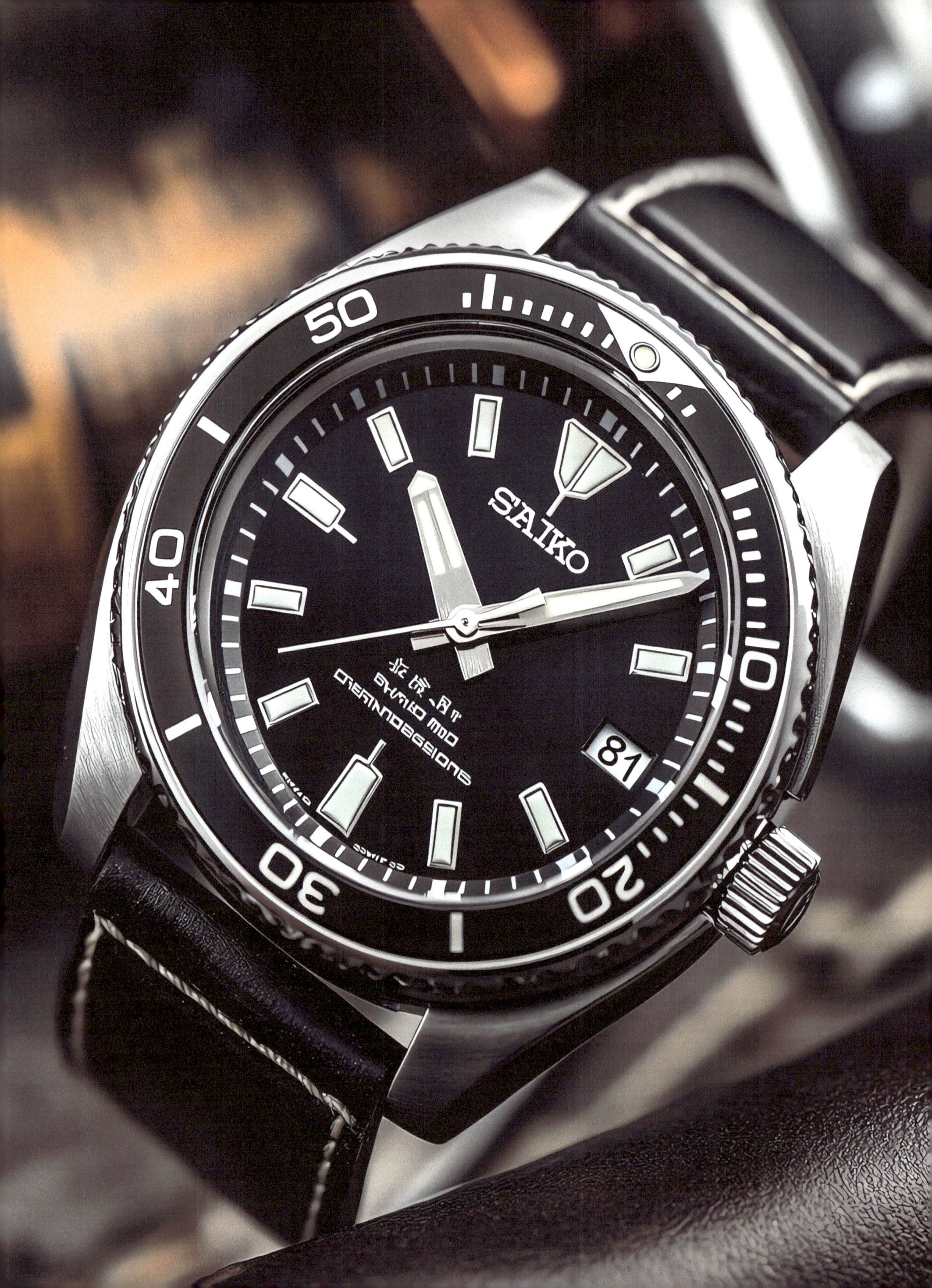
50
40
30
20

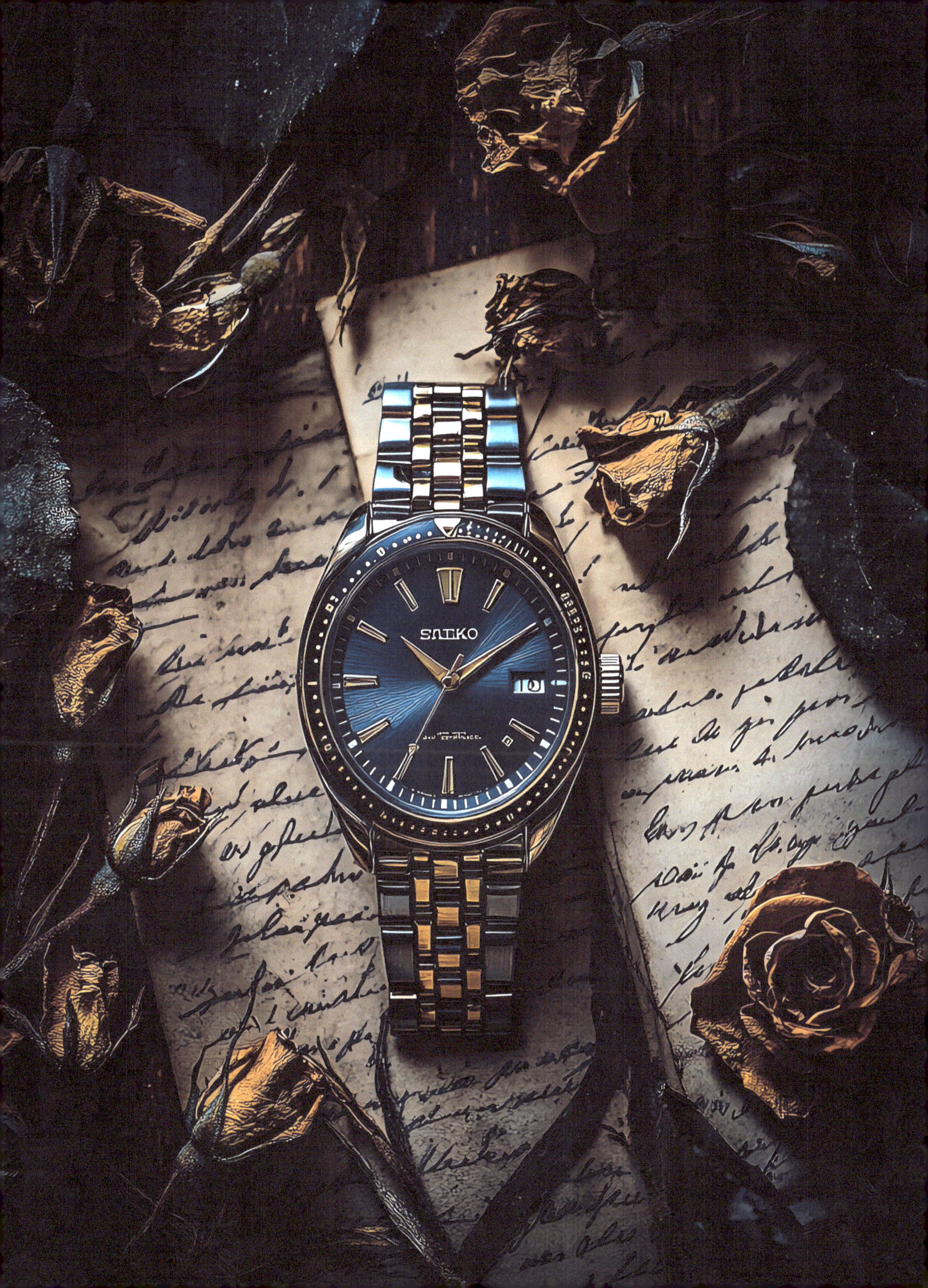

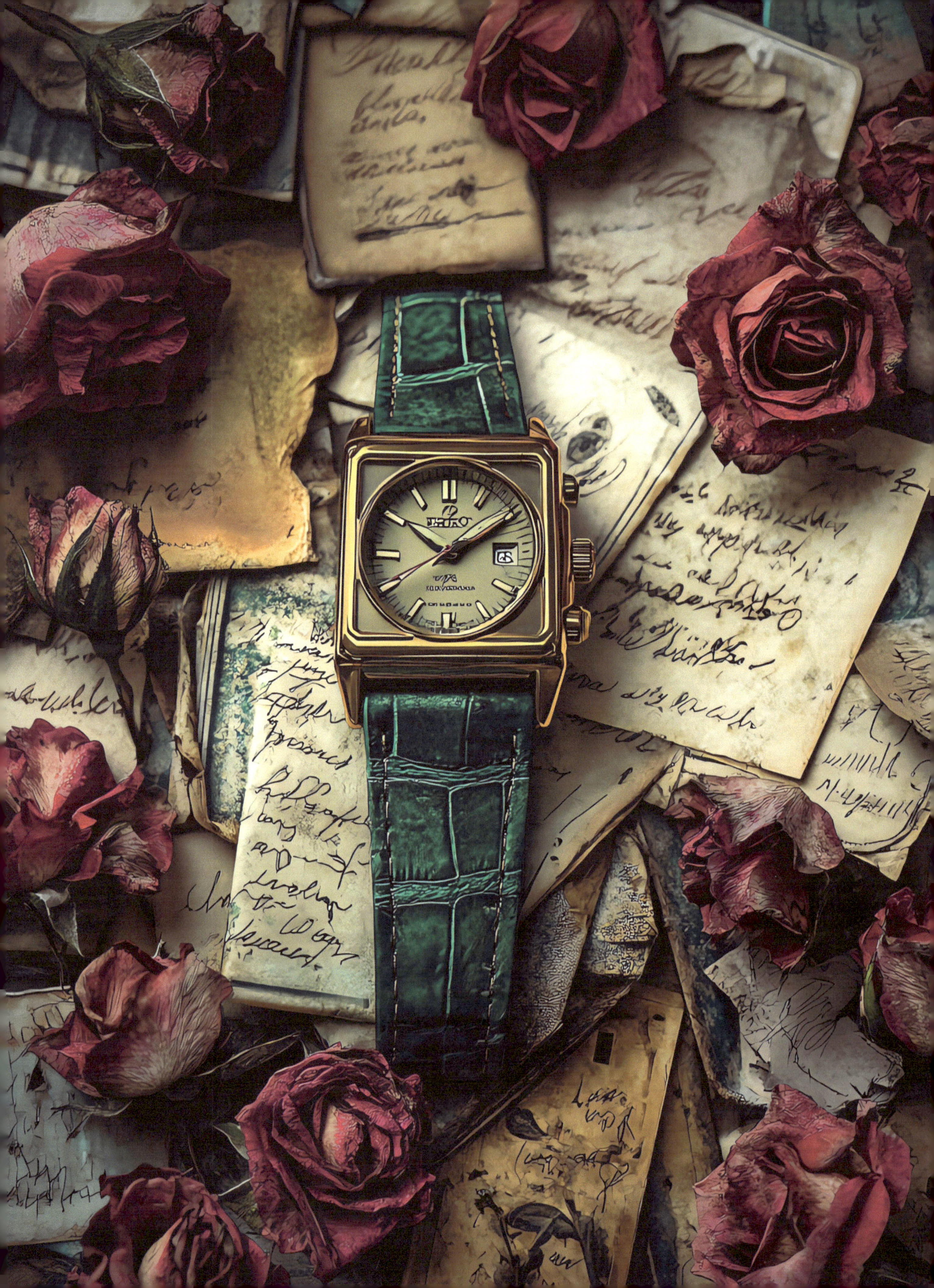

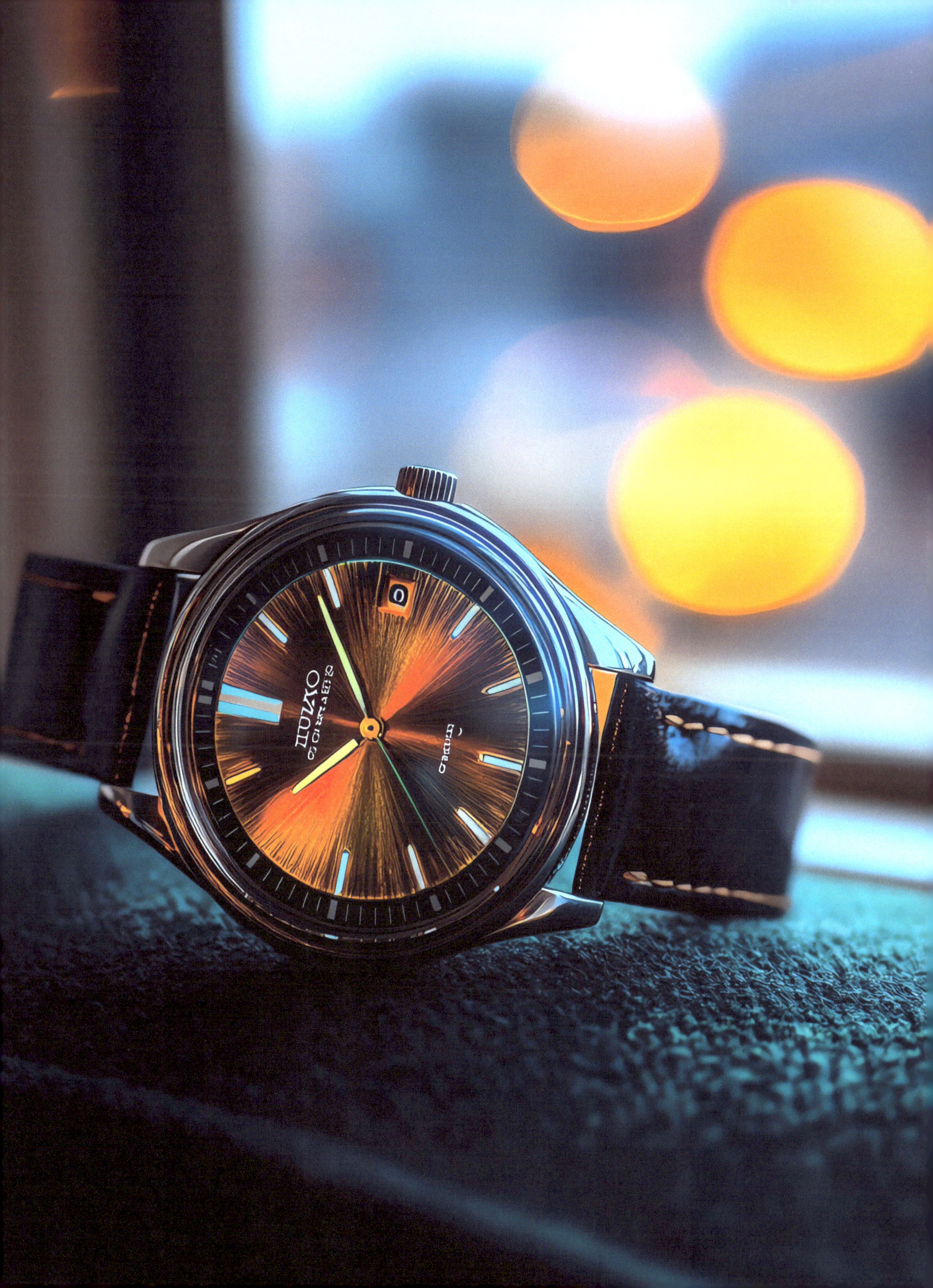

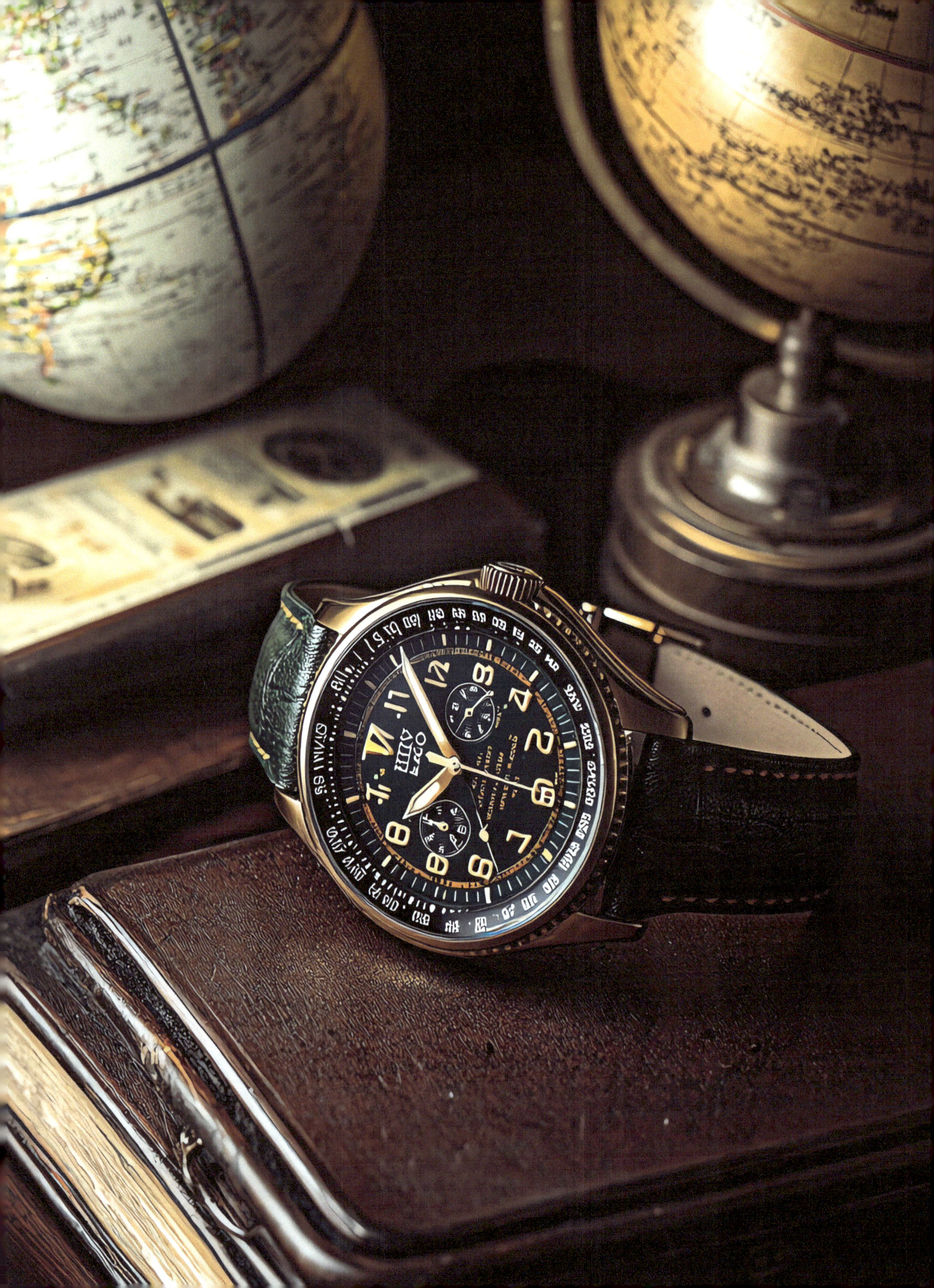

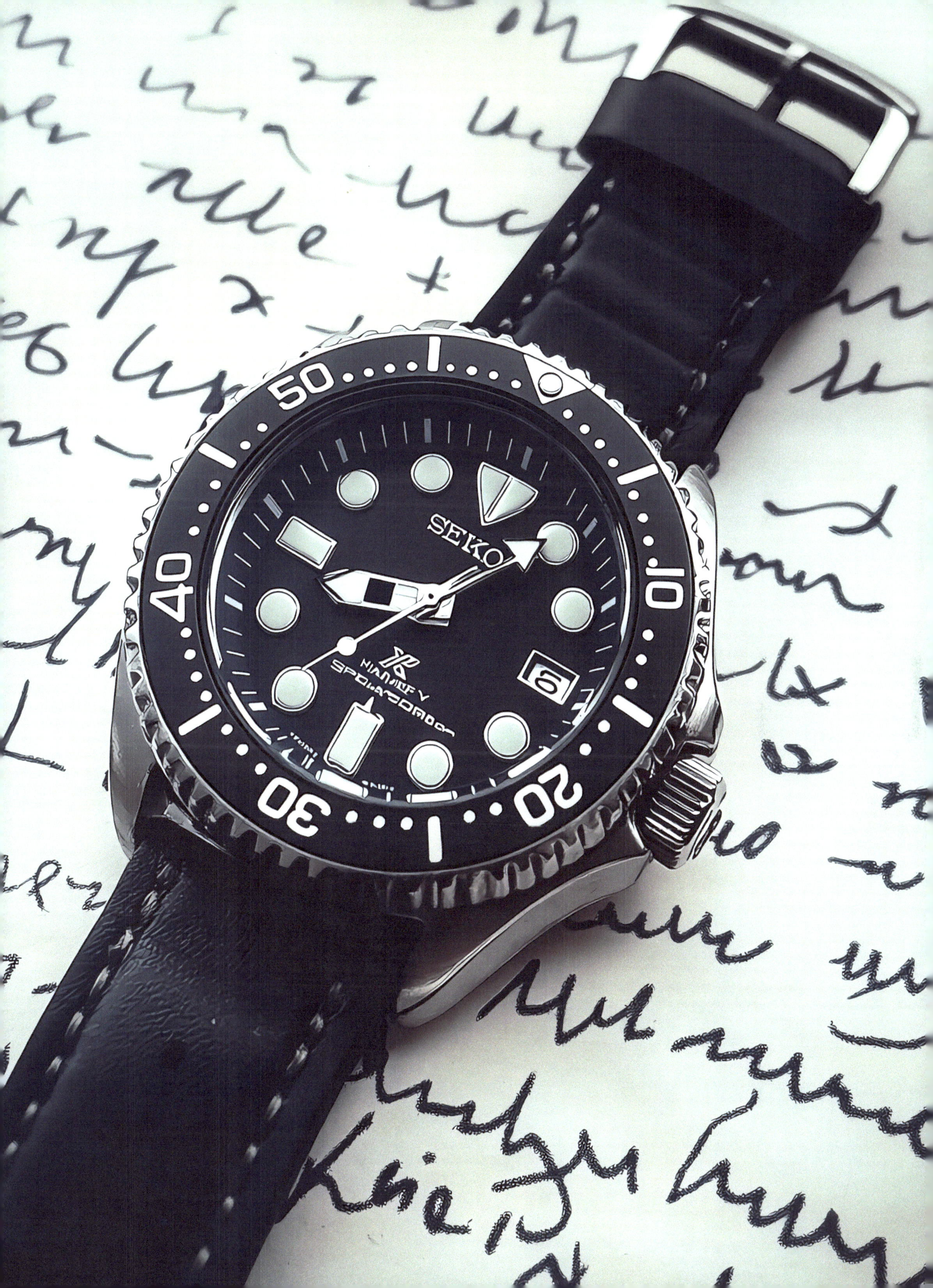
50
40
30
20
10

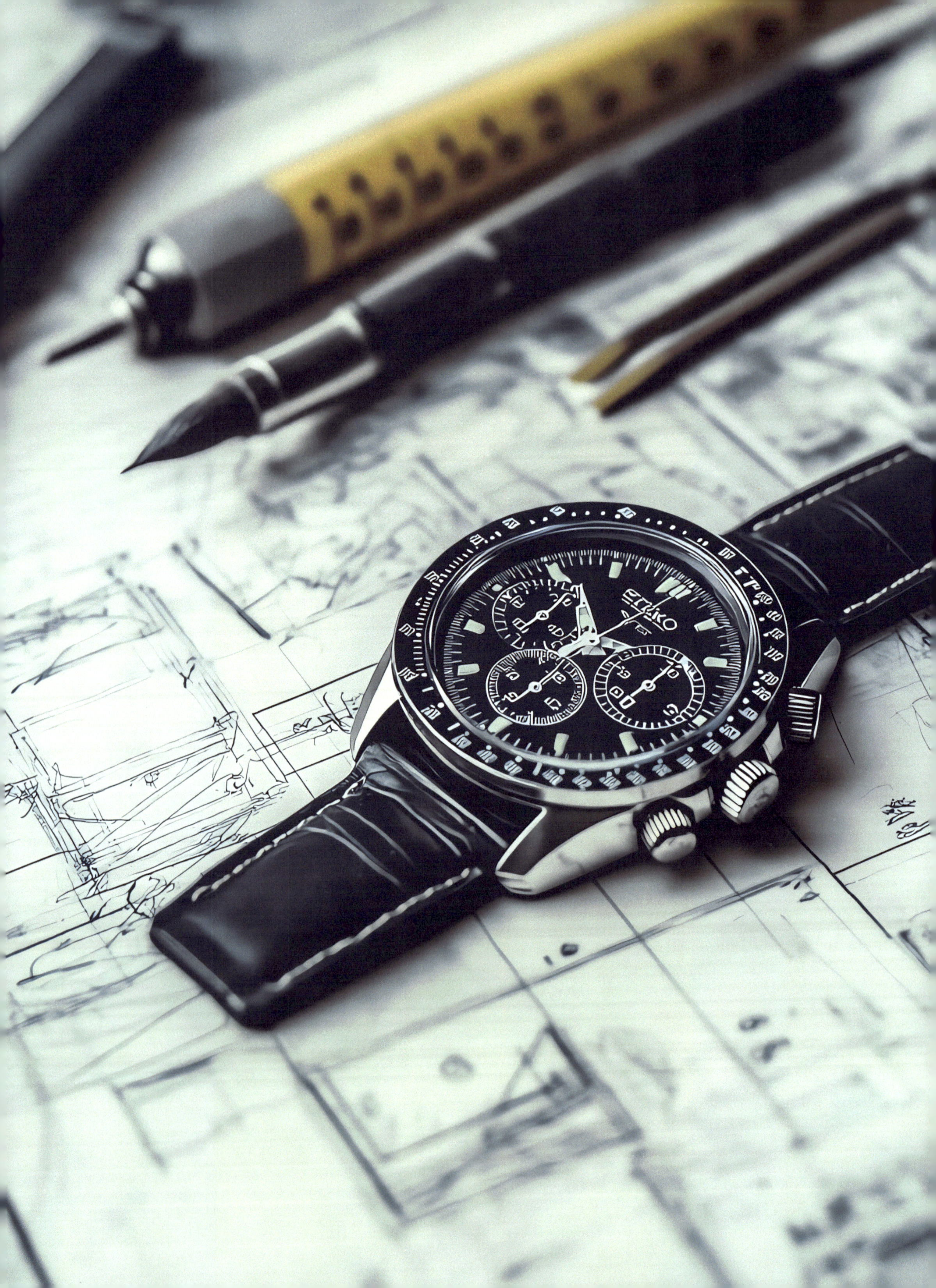

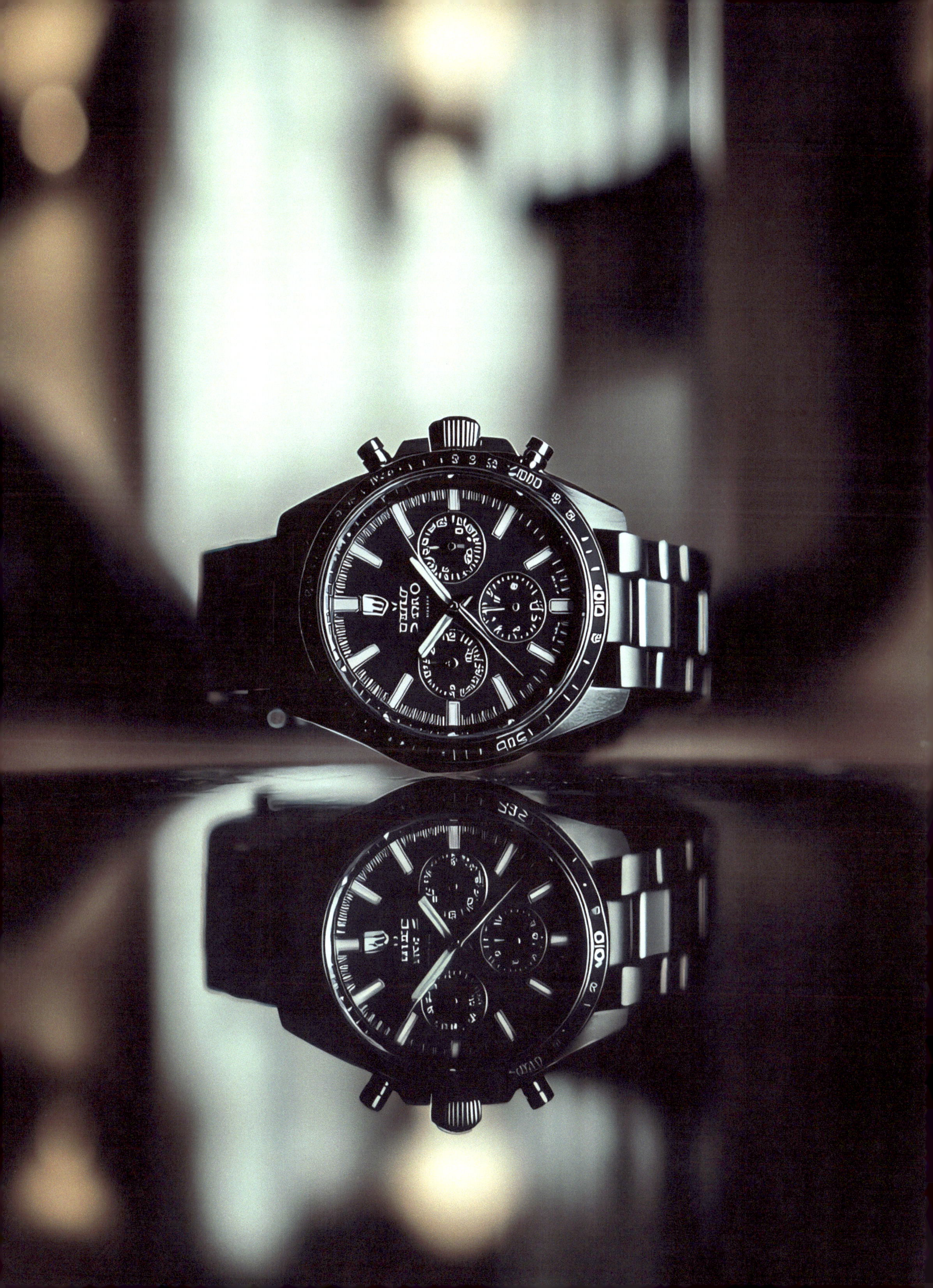

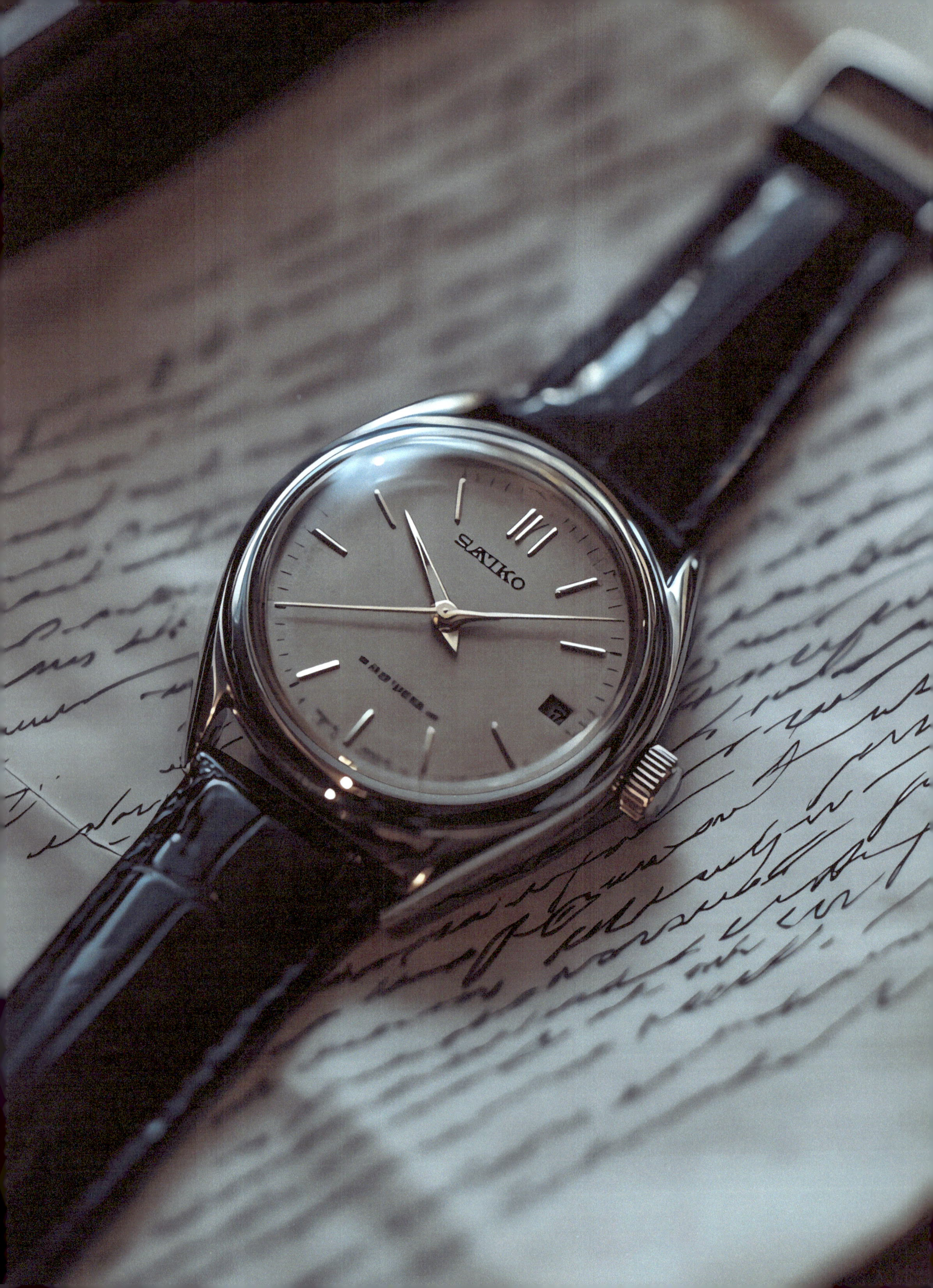

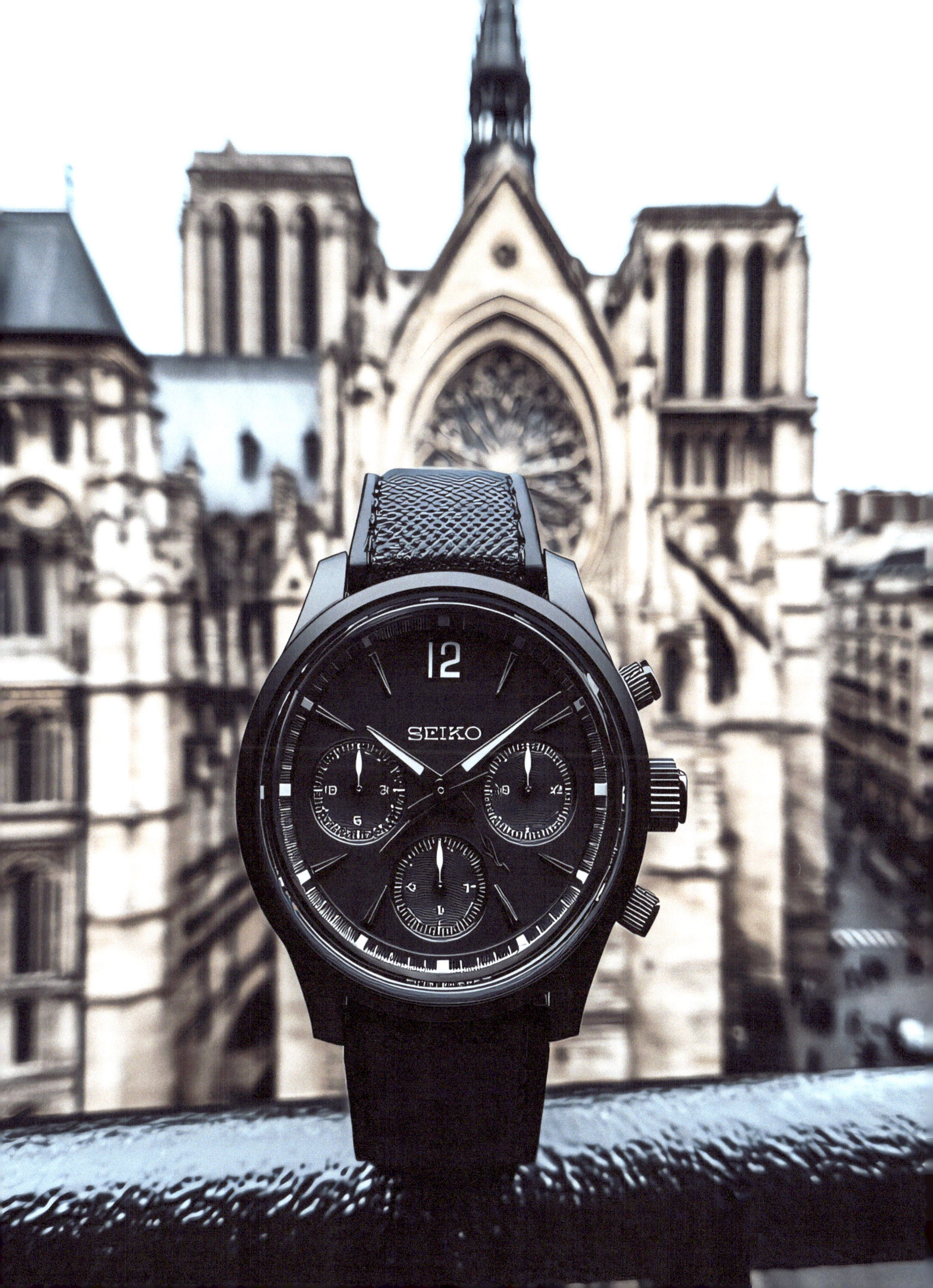
SEIKO

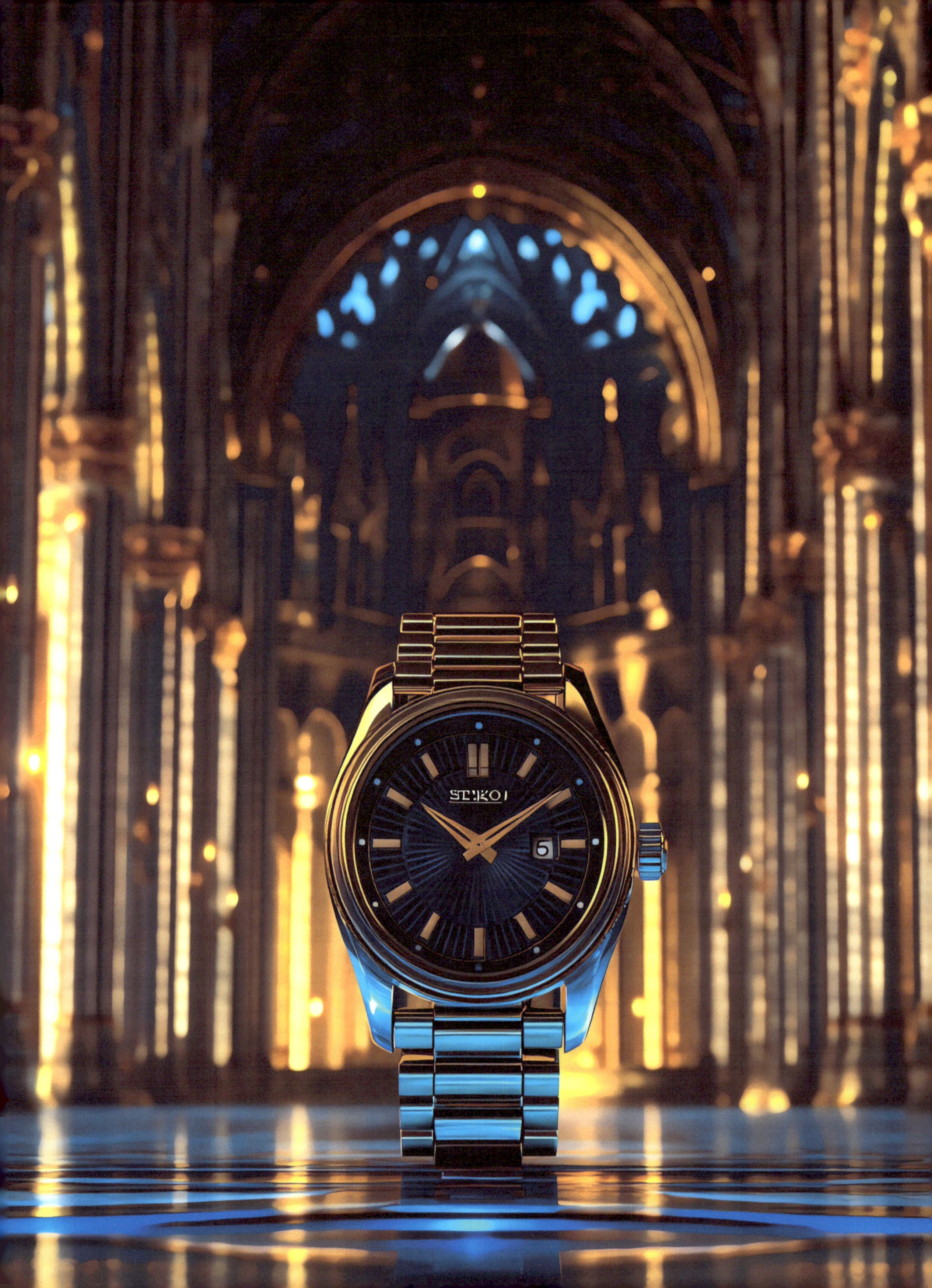

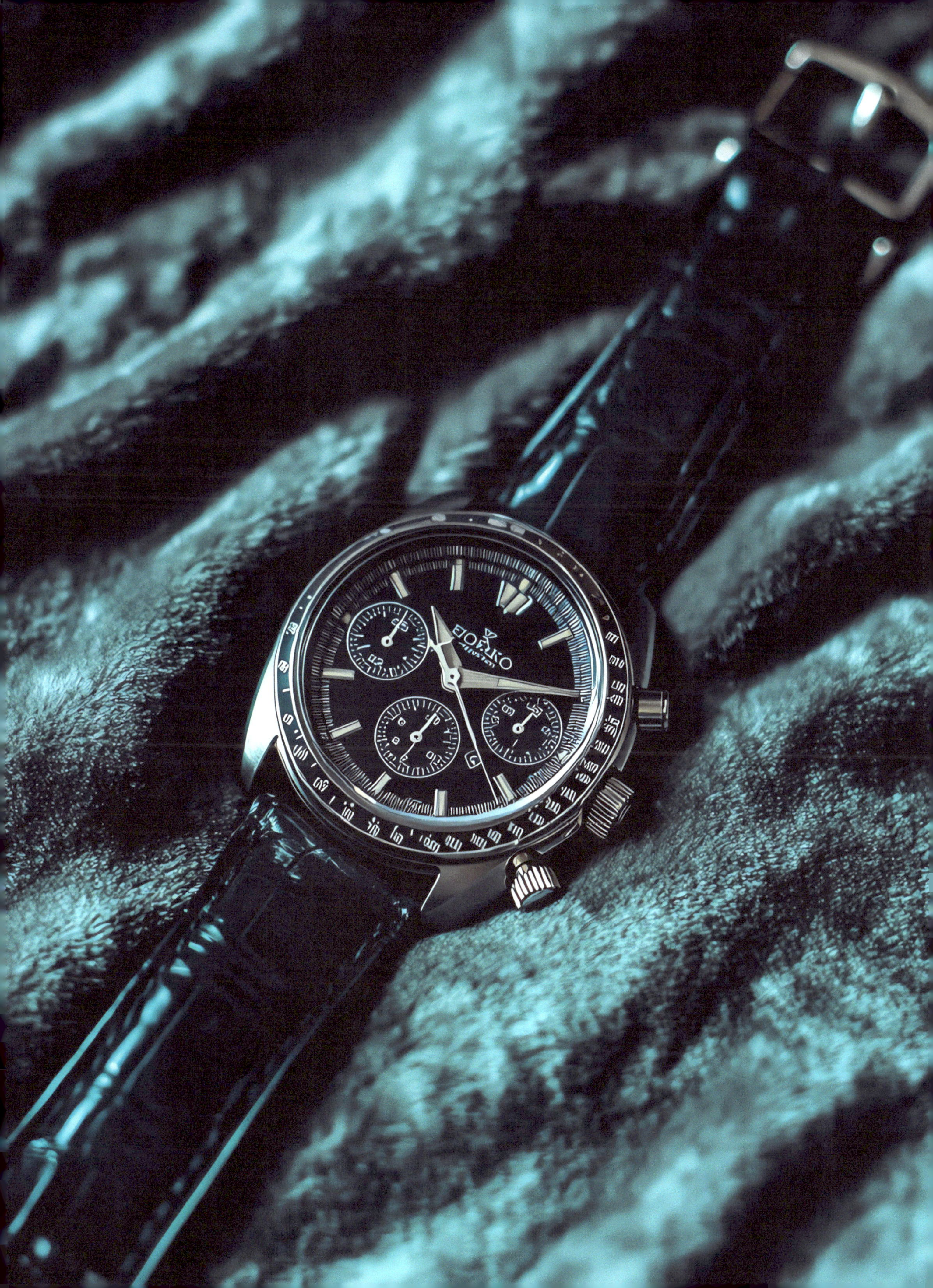

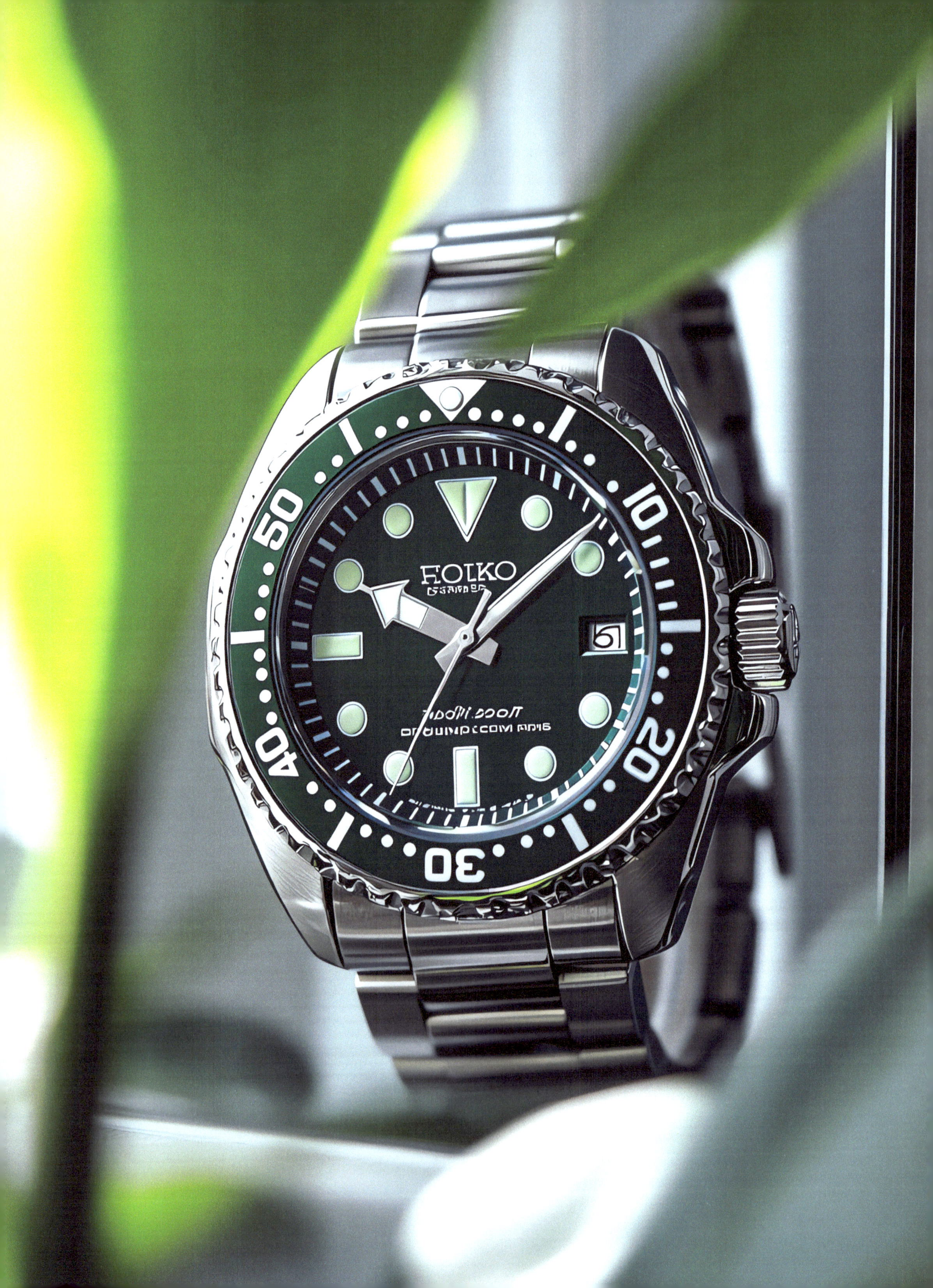
50
10
20
40
30

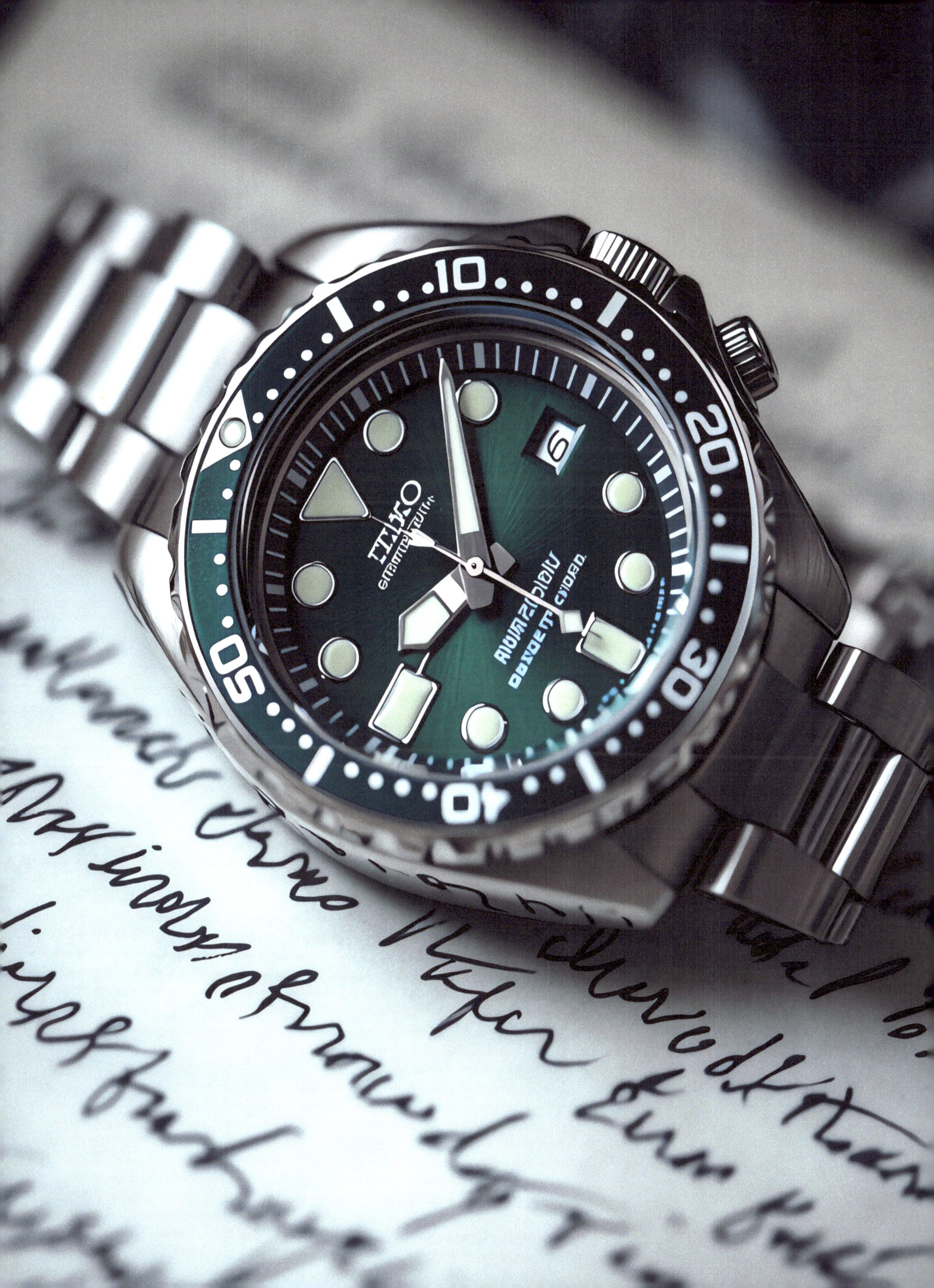

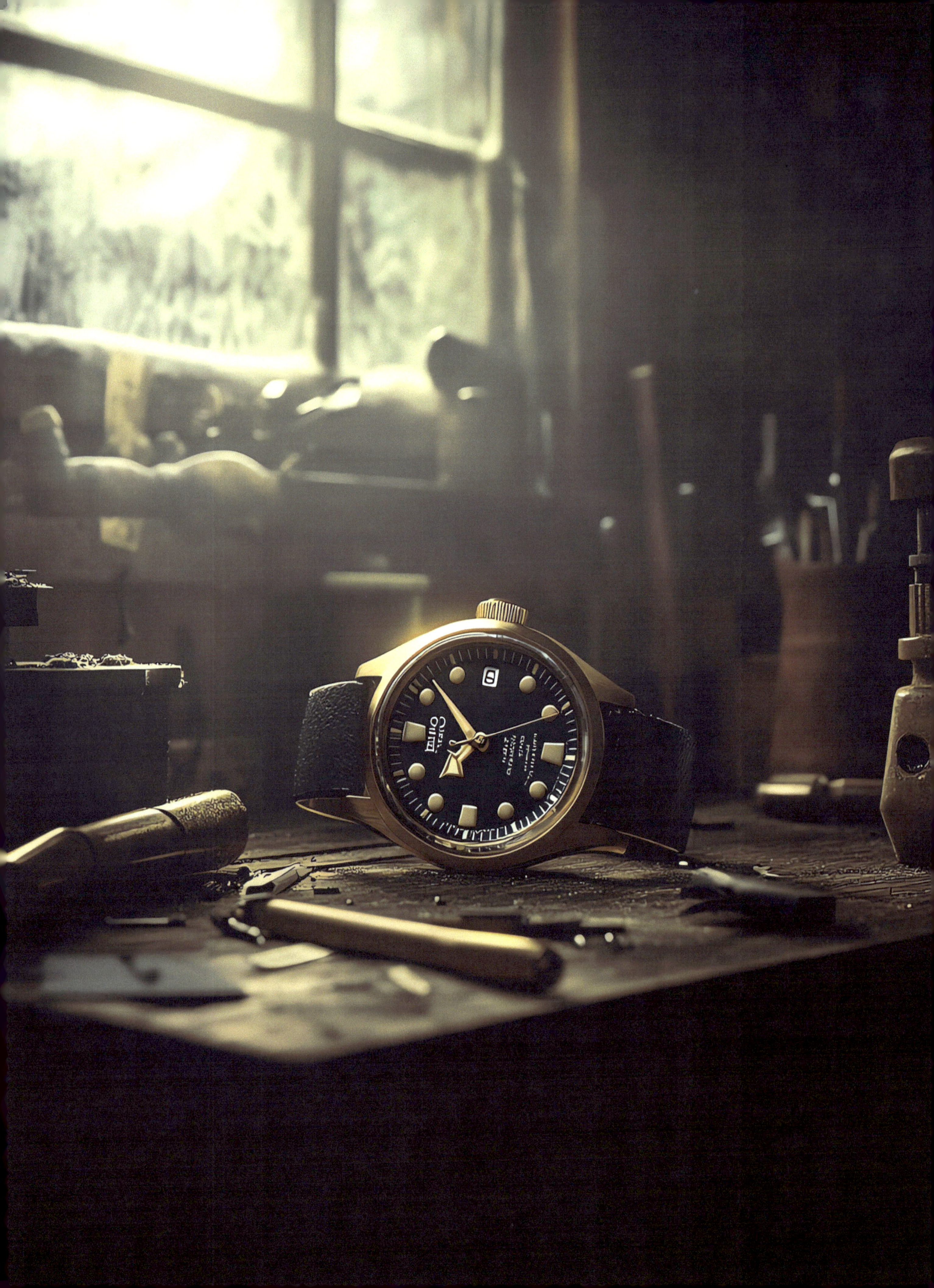

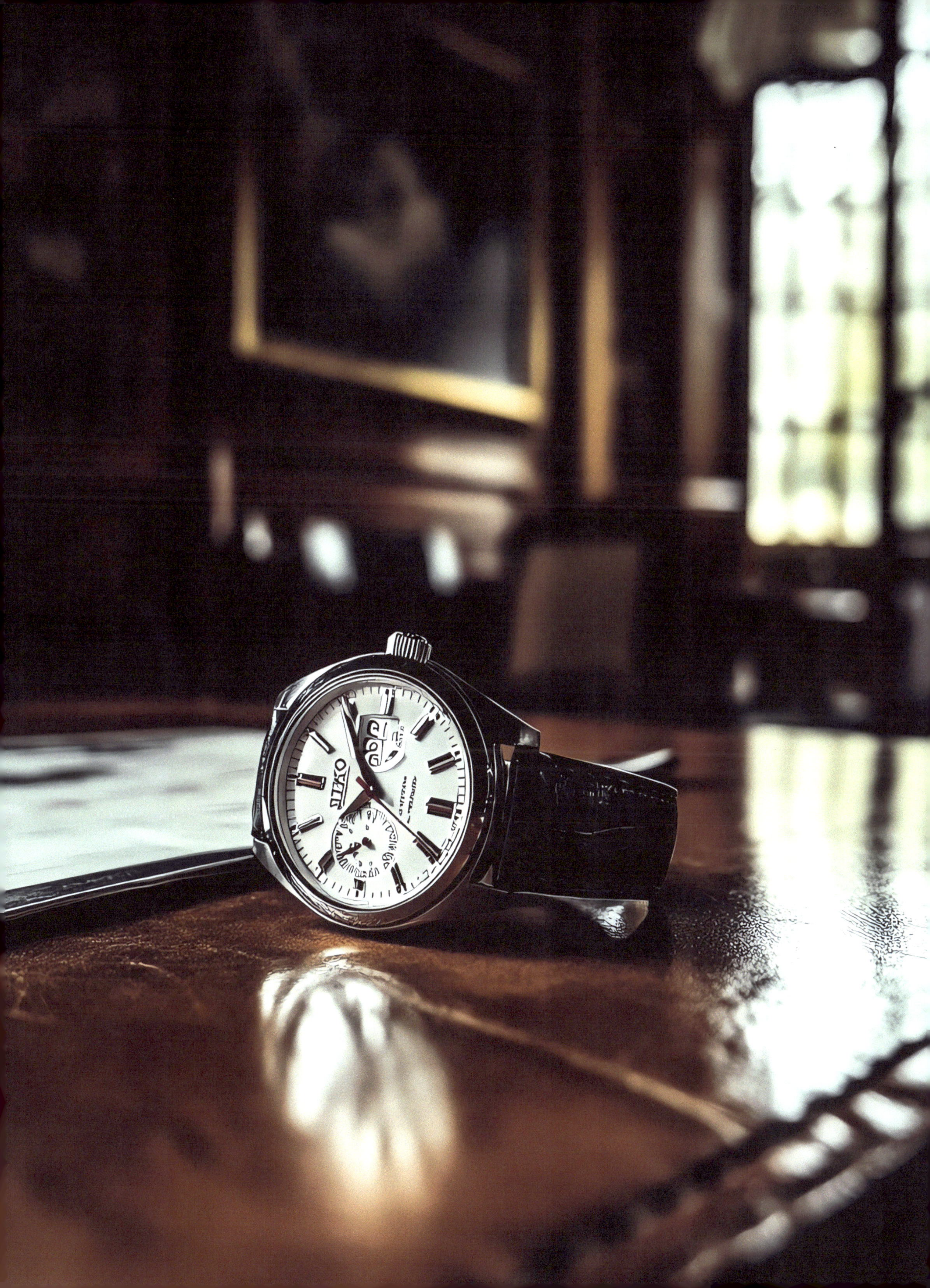

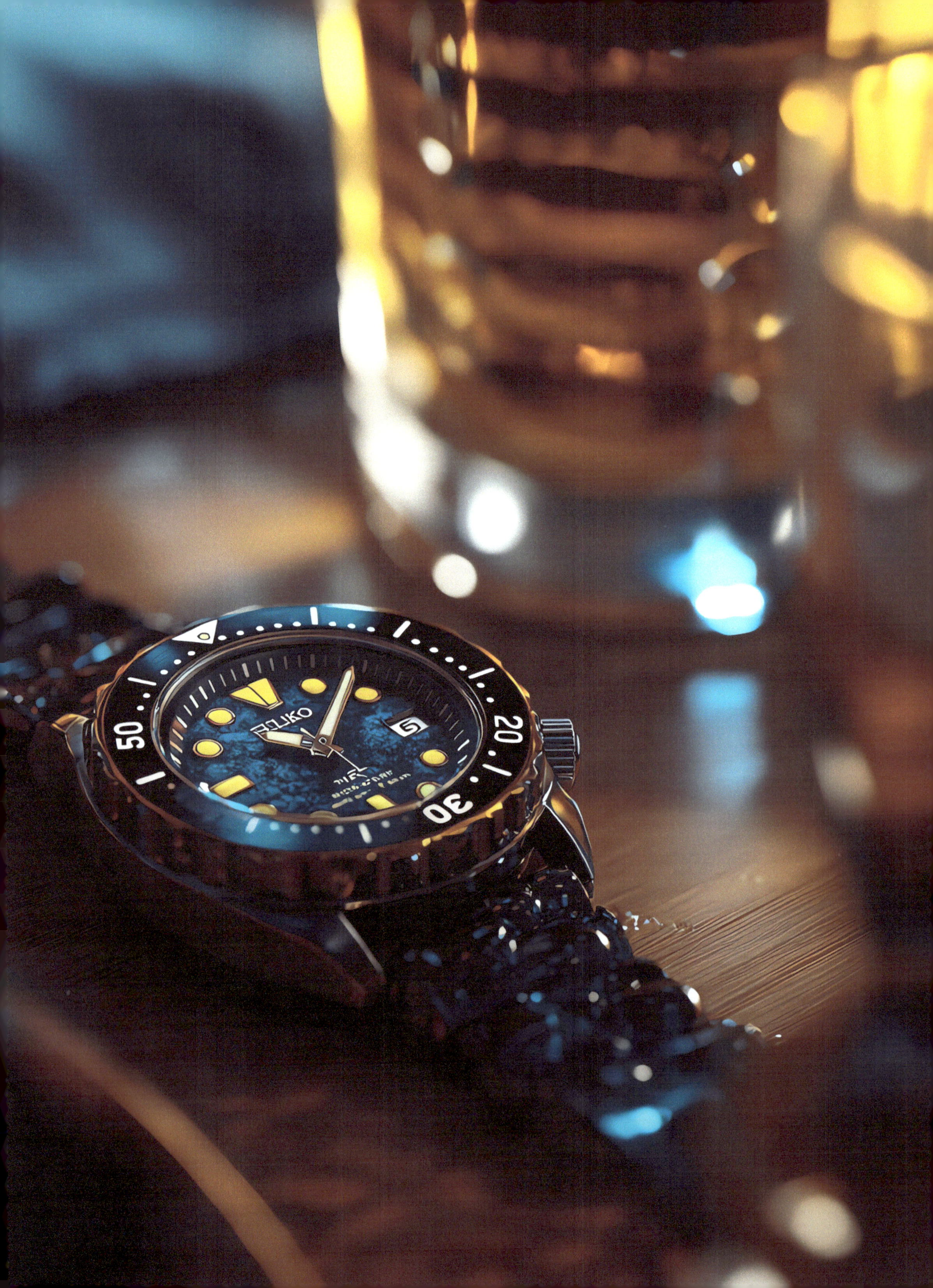
SEIKO
50
20
30

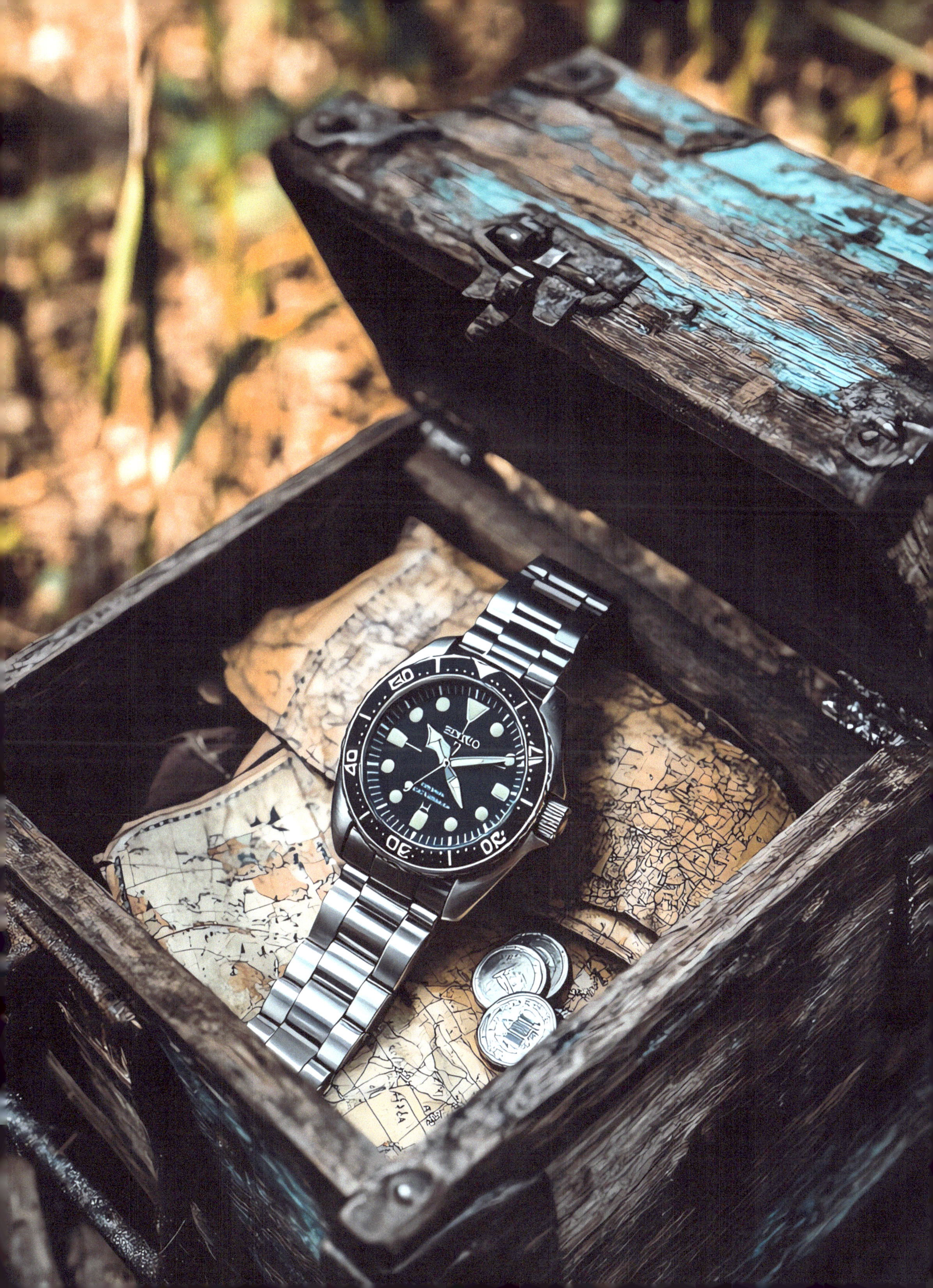

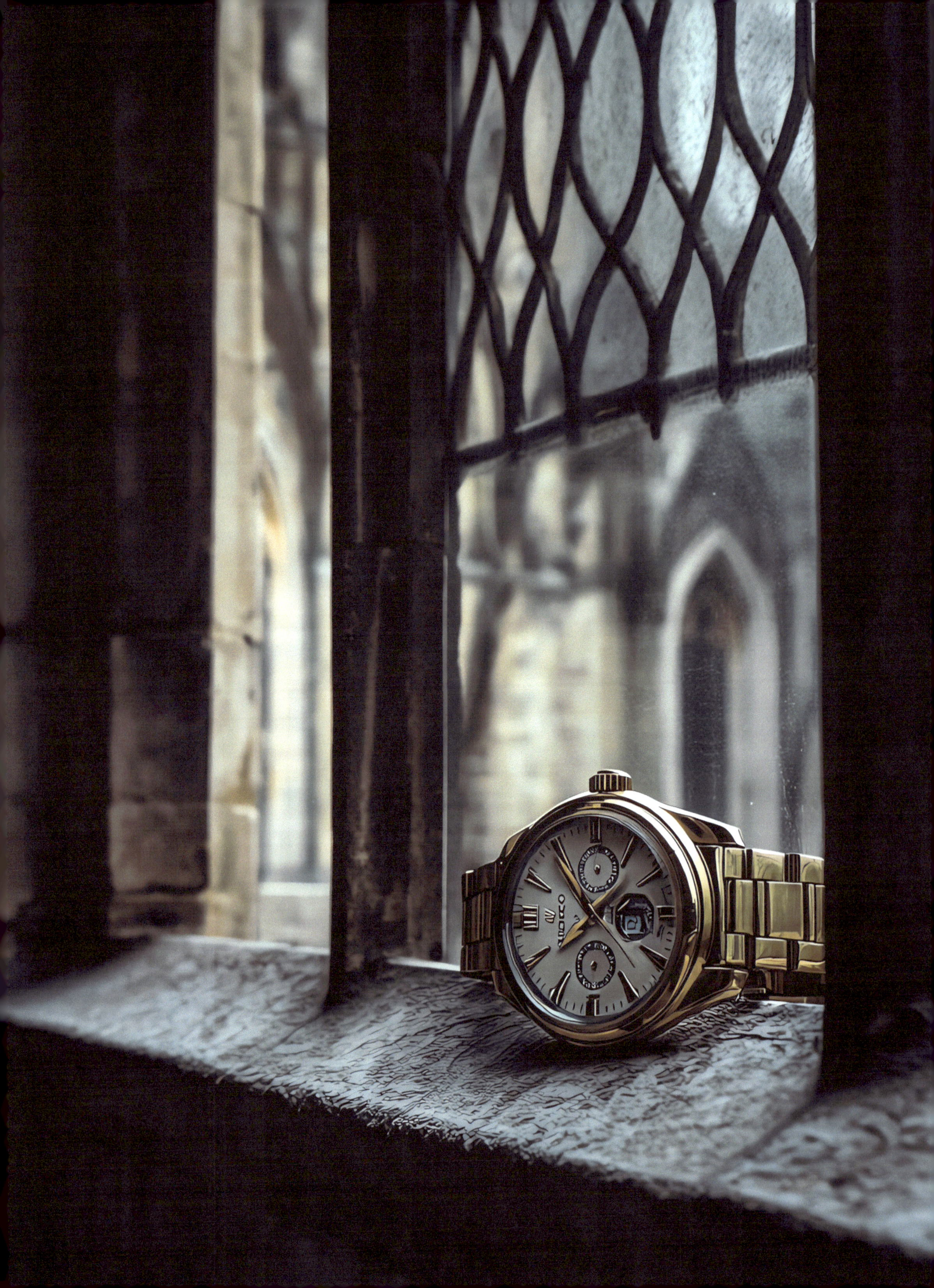

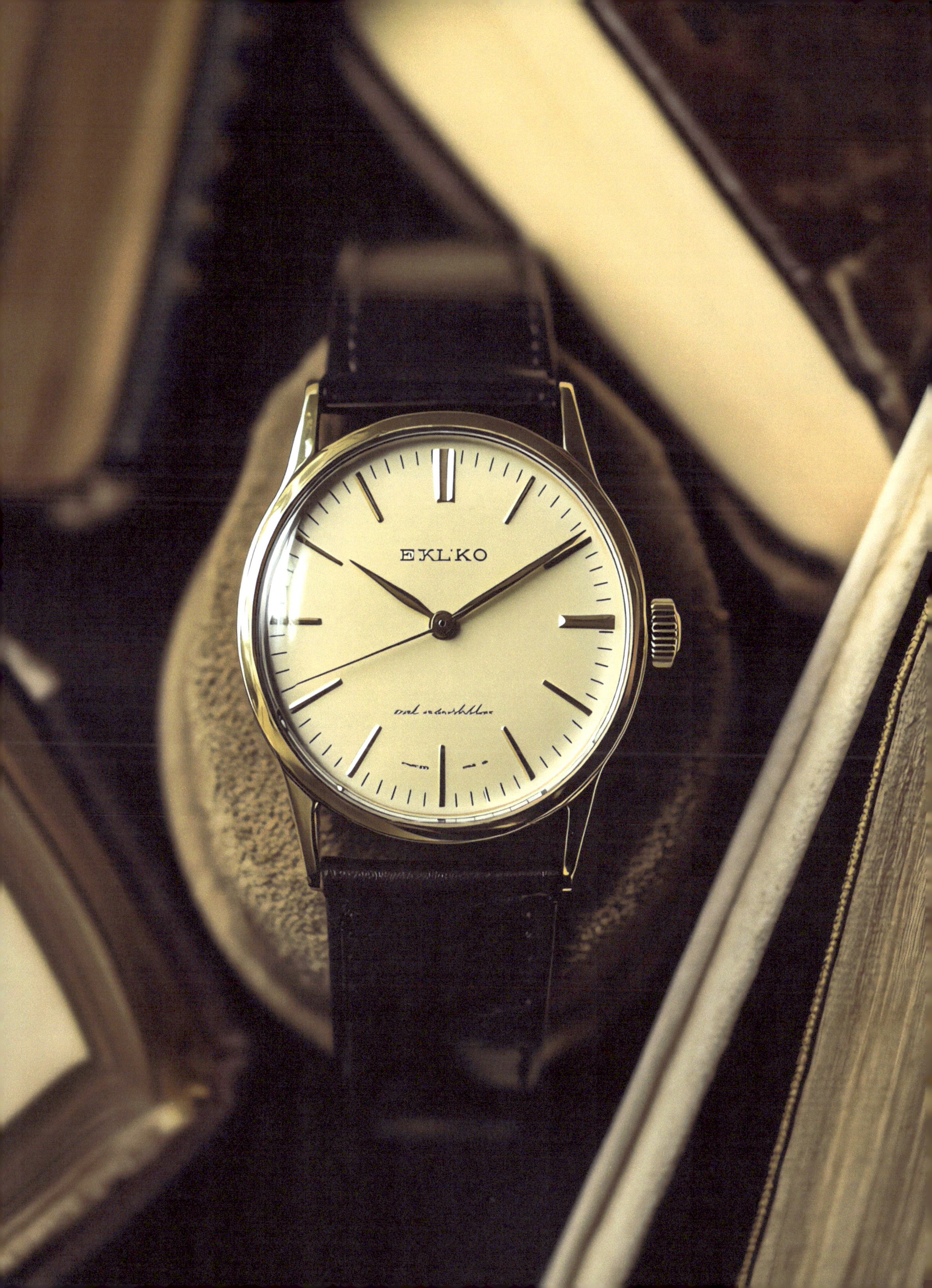

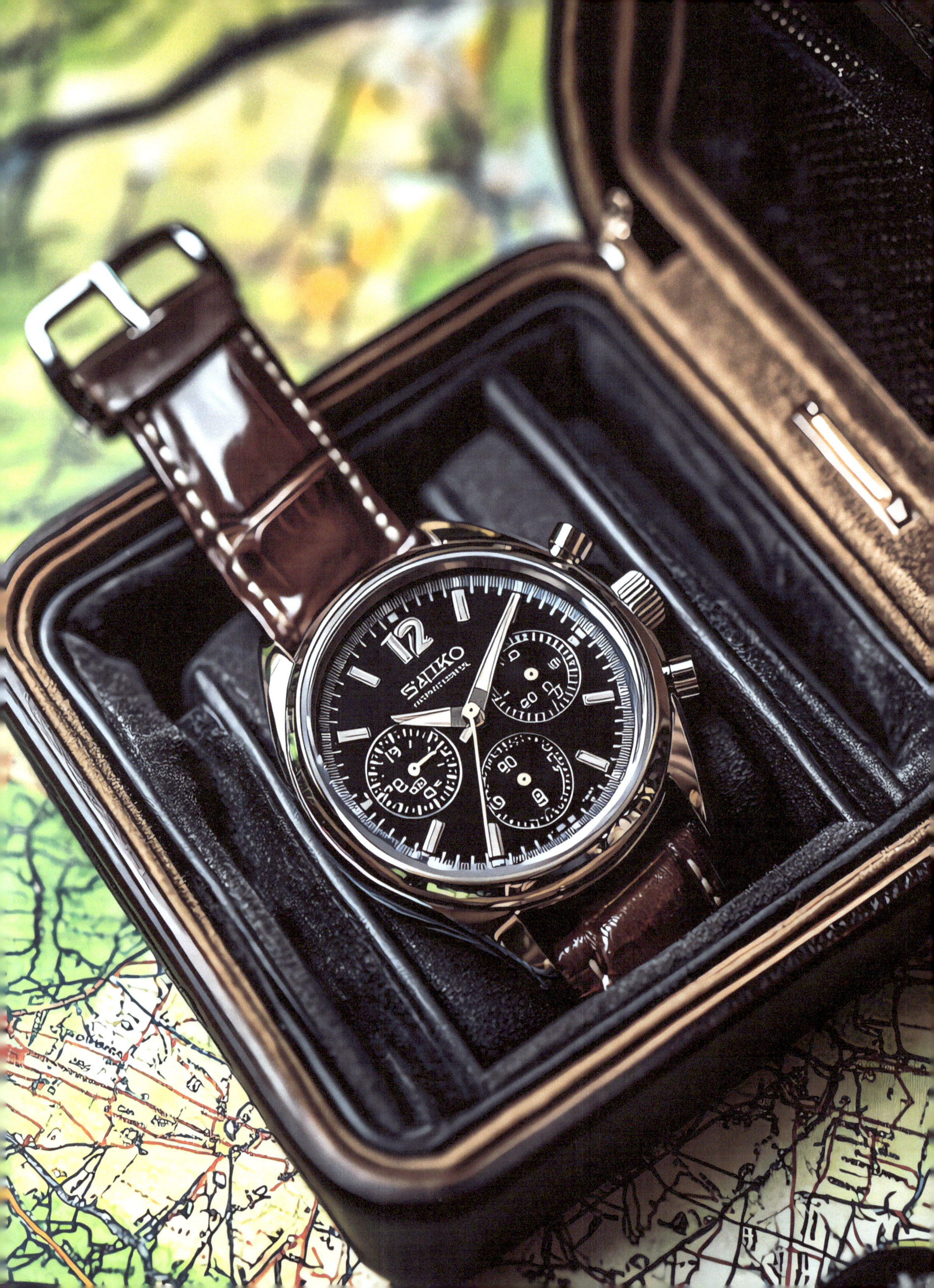

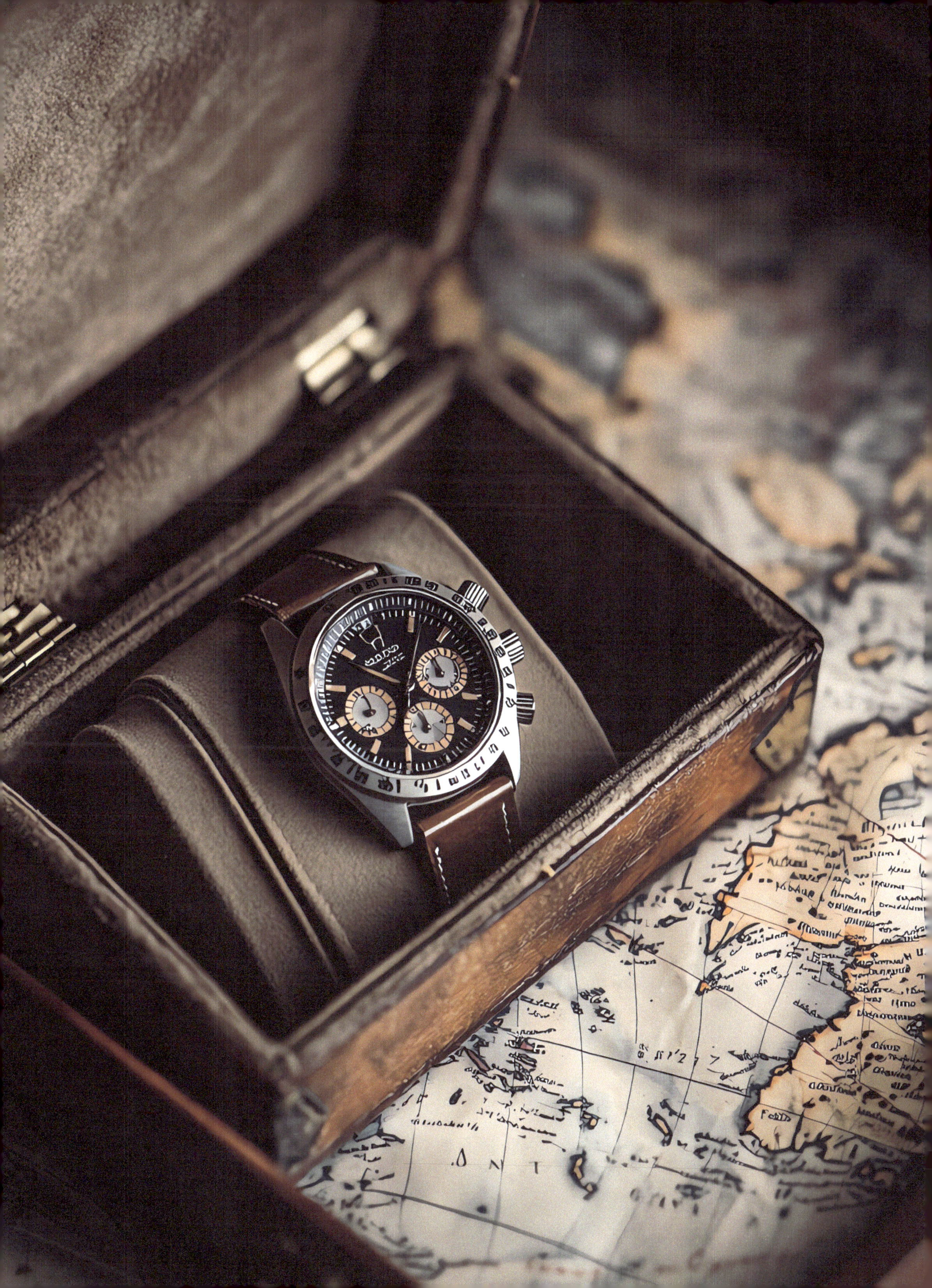

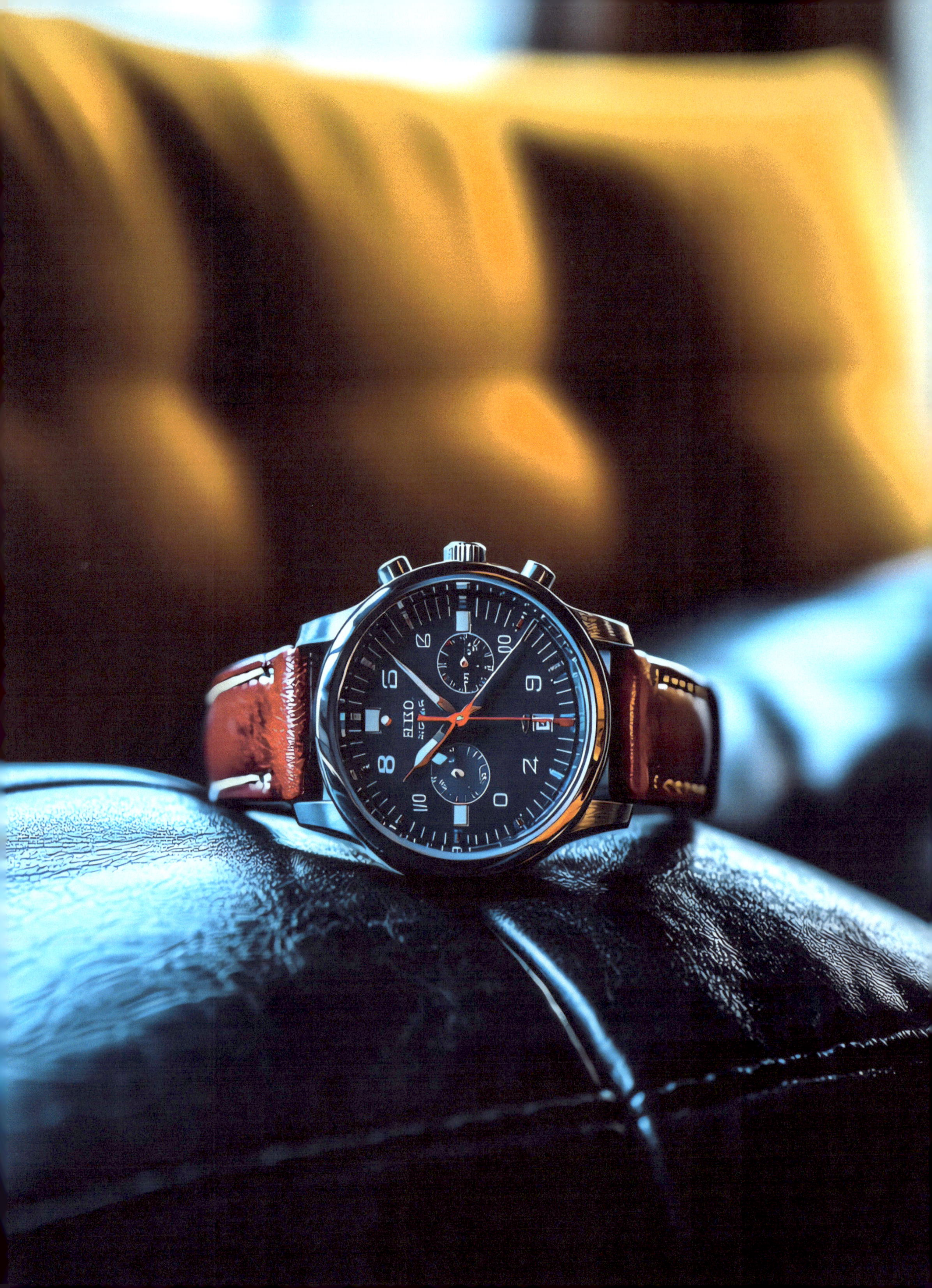

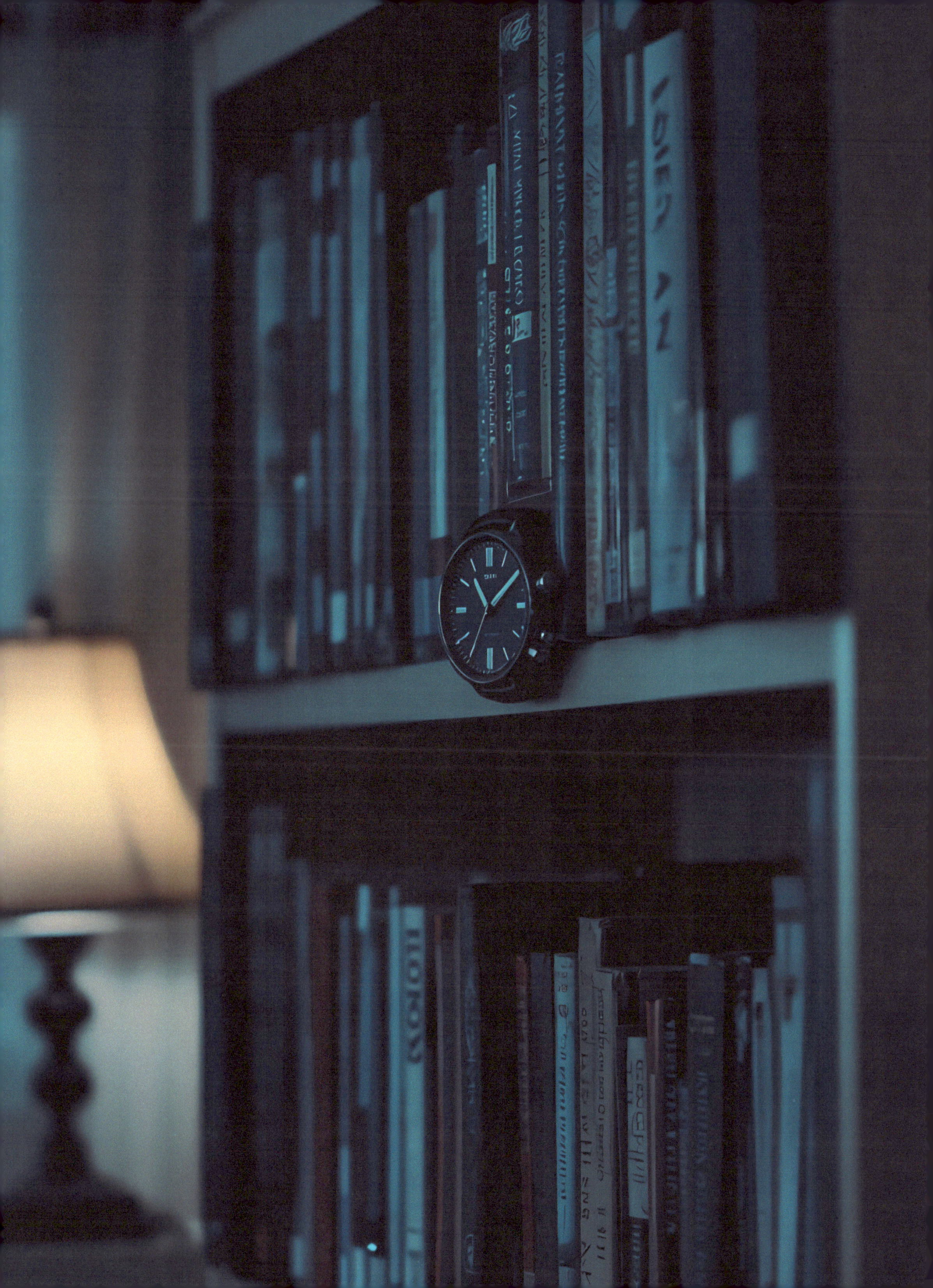

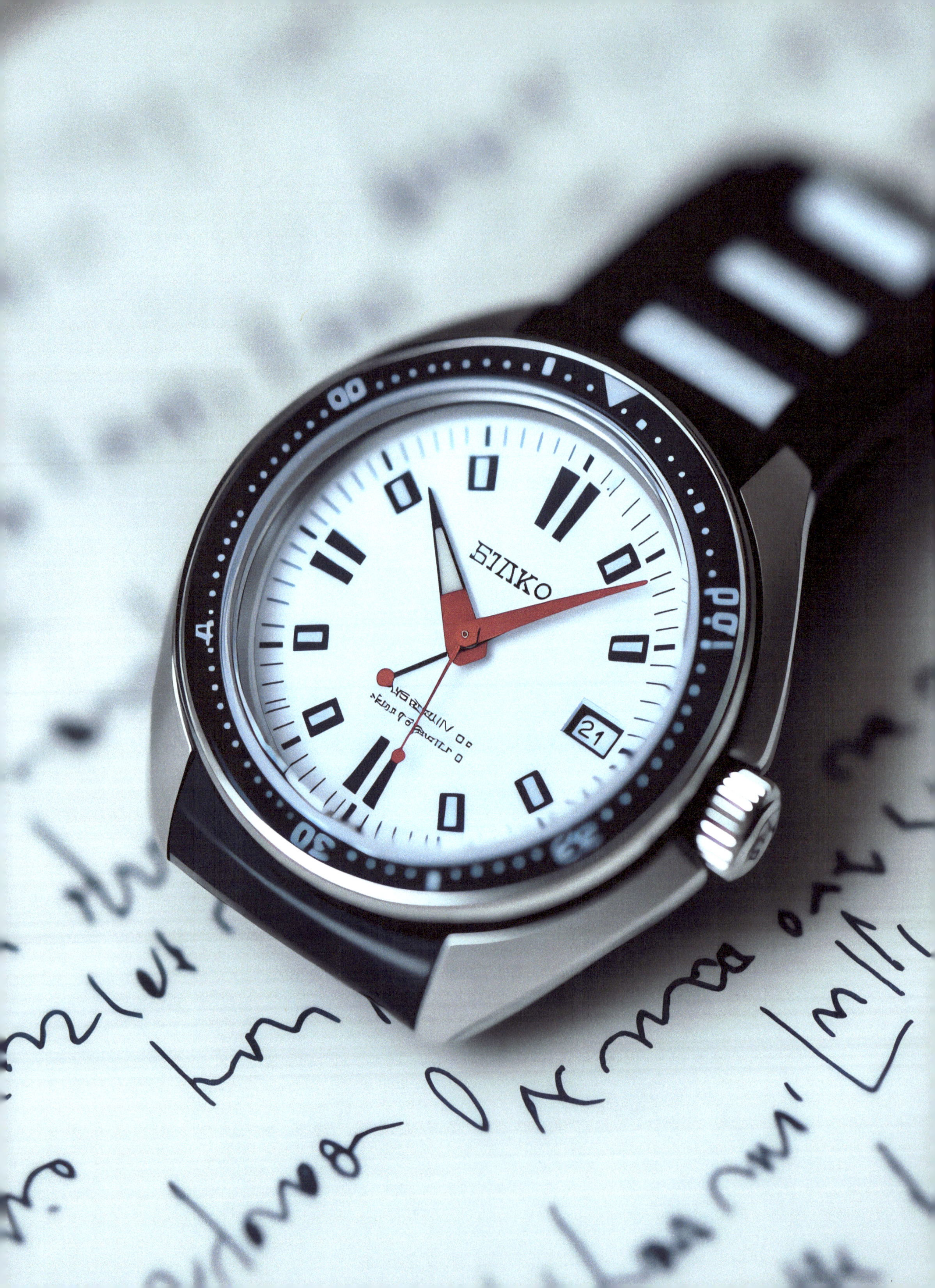

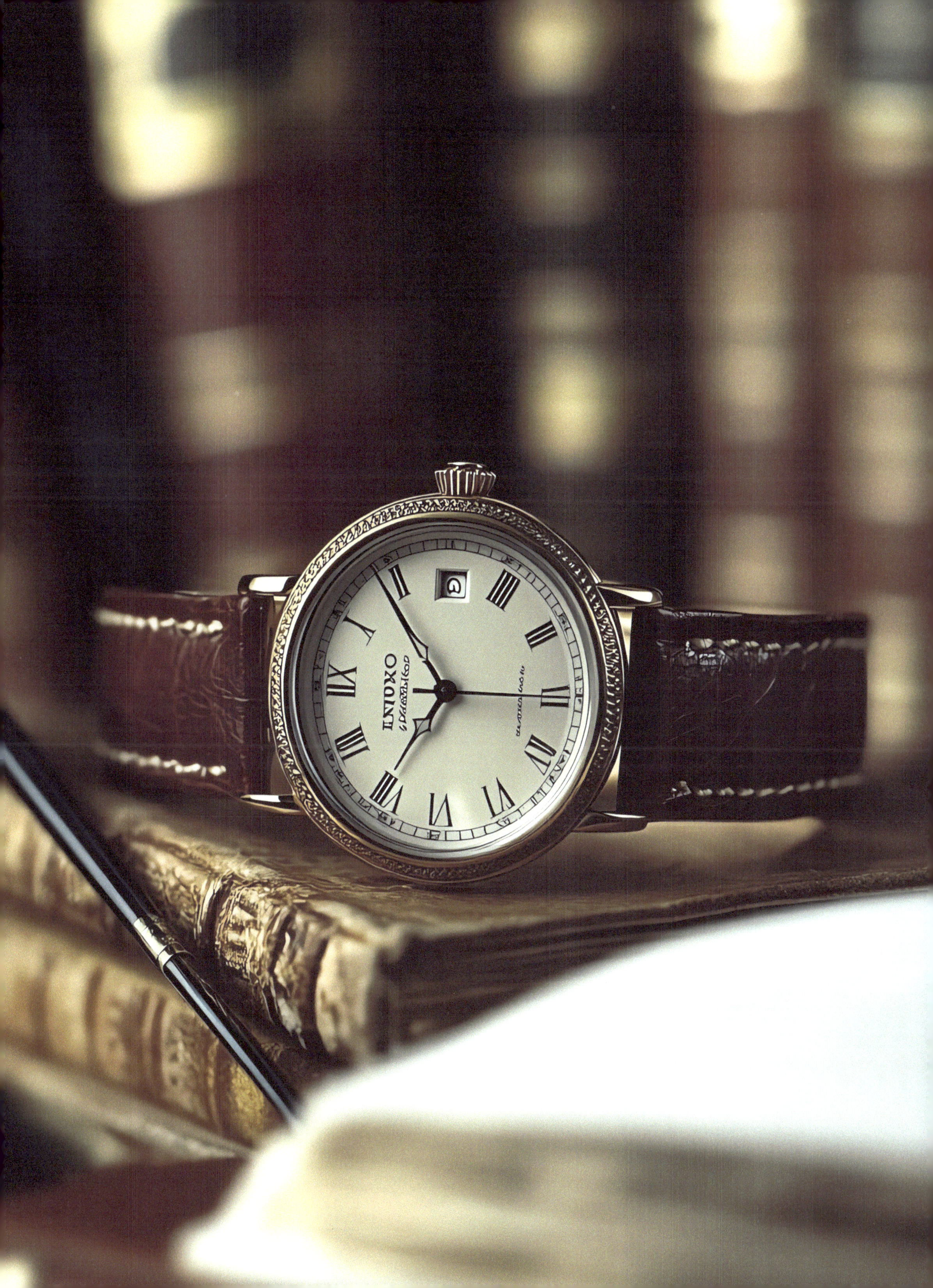

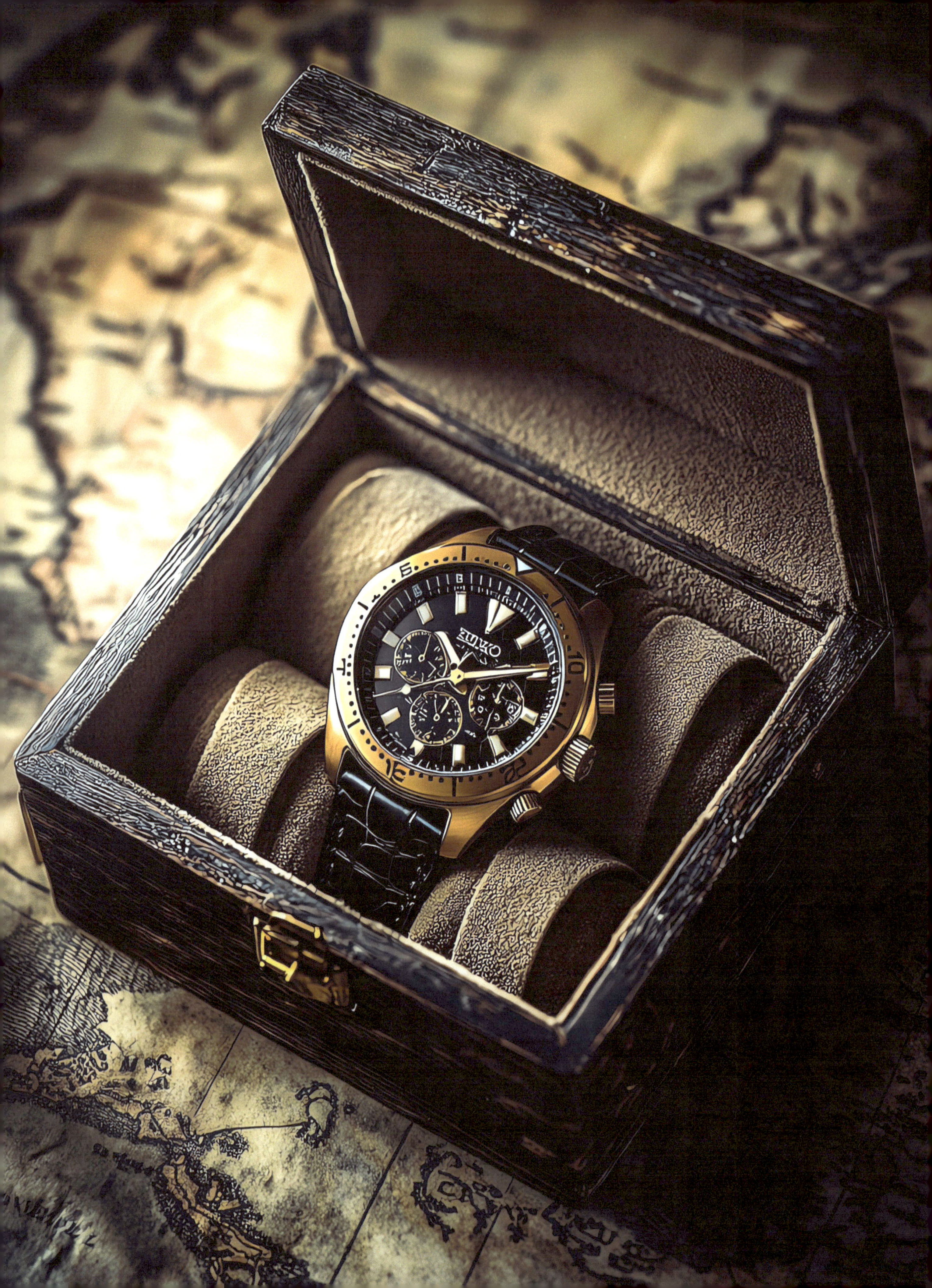

www.ingramcontent.com/pod-product-compliance
Lightning Source LLC
Chambersburg PA
CBHW040450220526
45473CB00004B/1577
9798303357112